SAGESSE GEEK

LES

ENSEIGNEMENTS SACRÉS

Aux éditions Bragelonne,
dans la collection Geekmemore :

Le Premier guide de rencontre 100 % geek
Sagesse geek : les enseignements sacrés

CE LIVRE EST ÉGALEMENT DISPONIBLE
AU FORMAT NUMÉRIQUE

www.bragelonne.fr

SAGESSE GEEK

LES ENSEIGNEMENTS SACRÉS

ÉDITÉ PAR STEPHEN H. SEGAL

Commentaires de Zaki Hasan, N.K. Jemisin,

Eric San Juan et Genevieve Valentine

ILLUSTRATIONS DE MARIO ZUCCA

Traduit de l'anglais (États-Unis) par Frédéric Le Berre

Collection Geekmemore

Titre original : *Geek Wisdom – The Sacred Teachings of Nerd Culture*

Les droits de ce livre ont été négociés
par l'intermédiaire de l'agence littéraire Sea of Stories,
www.seaofstories.com, sidonie@seaofstories.com
Design : Doogie Horner et Steven DeCusatis
Illustrations : Mario Zucca

ISBN : 978-2-35294-803-2

Bragelonne
60-62, rue d'Hauteville – 75010 Paris

E-mail : info@bragelonne.fr
Site Internet : www.bragelonne.fr

DÉDICACE

Ce livre est dédié à tous ceux qui ont un jour prononcé à voix haute l'une de ces phrases au cours d'une conversation.

(Et tout particulièrement John, Greg, Mike, Lori, Jeannie, Chris, Ben, Paul, Steve, Paul, Nina, Lisa, Jenn, Cameron, Tempest, Vanessa, Julie, et Stu.
J'ai toujours été et ne cesserai jamais d'être,
et cætera, et cætera.*)*

SOMMAIRE

PRÉFACE
9

INTRODUCTION
11

REMARQUE SUR LES *SPOILERS*
17

I. JE M'APPELLE INIGO MONTOYA
MY NAME IS INIGO MONTOYA
(La connaissance de soi)
19

II. FORMEZ... PIEDS ET JAMBES
FORM FEET AND LEGS
(Les relations entre les êtres)
53

III. NOUS SOMMES TOUS DES INDIVIDUS
WE ARE ALL INDIVIDUALS
(L'humanité)
79

IV. LE SAVOIR, C'EST LA MOITIÉ DE LA BATAILLE
KNOWING IS HALF THE BATTLE
(Les conflits)
125

V. DES MILLIARDS ET DES MILLIARDS
BILLIONS AND BILLIONS
(L'univers)
175

VI. EN L'AN 2525
IN THE YEAR 2525
(Le futur)
205

PRÉFACE

Connaissez-vous la définition originelle du Prix Goncourt ?

Le prix Goncourt, créé pour récompenser chaque année « le meilleur ouvrage d'imagination en prose, paru dans l'année » est attribué presque exclusivement à un roman.

Si l'intelligentsia devait s'en tenir *stricto sensu* à la définition, seul des romans dits « geek » devraient être éligibles à cette distinction littéraire, puisqu'elle récompense les littératures de l'imaginaire…

Hélas, la culture geek semble plus être considérée comme une contre-culture, que l'élite peine à adouber. Sans doute parce qu'elle est systématiquement assimilée à du divertissement, et que le divertissement, ce n'est pas sérieux… La conséquence directe de cette absence d'approbation, c'est qu'en soirée mondaine, vous ne vous distinguerez jamais en citant Yoda.

Nietzsche, oui. Gandhi, c'est bon. Mais pas Gandalf… Et pourtant… « *Quel pouvoir aurait l'enfer, si ceux qui sont captifs ici ne pouvaient pas rêver du Paradis ?* » (Dream, *Sandman*)

« *Il n'y a aucun intérêt à être adulte si on ne peut pas se comporter comme un enfant de temps en temps* » (Le Docteur, *Doctor Who*)

« *Les idées sont à l'épreuve des balles* » (*V pour Vendetta*)

« *Un grand pouvoir implique de grandes responsabilités* » (Benjamin Parker, Spider-Man) « *La peur tue l'esprit. La peur est la petite mort qui conduit à l'oblitération totale* » (Litanie Bene Gesserit, *Dune*) « *La Violence est le dernier refuge de l'incompétence.* » (Hari Seldon, *Fondation*) « *N'essaie pas. Fais-le ou ne le fais pas. Il n'y a pas d'essai.* » (Yoda, *L'empire contre-attaque*) Dans cet ouvrage, toutes ces citations seront d'abord replacées dans leur contexte, pour mieux les en extraire, et démontrer que, par-delà le propos qu'elles servent initialement, elles contiennent une sagesse universelle qui dépasse les frontières de la culture de l'imaginaire : une sorte de « Sagesse Geek »…

Mais ne nous méprenons pas. Cet ouvrage n'a pas pour objectif de crédibiliser la culture geek aux yeux de ses détracteurs. Il ne leur est d'ailleurs pas destiné. Ce n'est pas non plus un traité de philosophie, bien qu'il n'en soit pas totalement exempt. Ce que vous tenez dans vos mains, c'est une exégèse partielle de citations qui n'oubliera évidemment pas les plus cultes d'entre elles, telle que : « *Bazinga* », « *Elémentaire, mon cher Watson* » ou encore « *La vérité est ailleurs* » …

INTRODUCTION

J'ai oublié qui m'a posé cette question, et c'est bien dommage. Car je sais sans l'ombre d'un doute que c'est la réponse que j'y ai faite qui m'a conduit où je suis aujourd'hui, sur cette page, en train de m'adresser à vous. « Tu as grandi dans quelle religion ? » Voilà ce qu'il m'a demandé. À quoi j'ai répondu : « Euh… la science-fiction, essentiellement. »

C'était une blague. En fait, je voulais me moquer de moi-même en disant que j'avais été un tel geek, toujours à regarder *Star Trek*, à lire Tolkien, à écrire des programmes informatiques ou à fabriquer des maquettes de Tardis, qu'on aurait pu croire que je vouais un véritable culte à toutes ces choses. Mais à la seconde même où ces mots franchissaient mes lèvres, j'ai compris que ce n'était pas une plaisanterie. Soudain, il m'apparut que je ne faisais qu'énoncer la plus exacte vérité. Et c'était une bonne chose.

Qu'est-ce que la religion ? Mettons de côté le cérémonial, les attributs, les prières et le poisson le vendredi. Au fond, quel est véritablement l'objet de la religion ? C'est un cadre conceptuel, un *corpus* d'idées partagées par une communauté, écrites et transmises par une littérature, dont la finalité est de nous mener à une certaine maturité en nous aidant à nous poser les grandes questions cosmiques sur l'existence et à y apporter des réponses. Qui sommes-nous ? D'où venons-nous ? Y a-t-il quelqu'un ailleurs, dans un royaume qui nous demeure invisible ? Et ici, sur Terre, pourquoi ne parvenons-nous pas à nous entendre mieux ? Comment pouvons-nous sérieusement trouver la rédemption quand on voit le bazar qu'on sème autour de nous ?

La Bible raconte des histoires qui apportent des réponses à ces questions. Le Coran fait la même chose, les Upaniṣad aussi, de même que tous les livres sacrés de toutes les autres religions. D'une tradition à l'autre, ces histoires varient énormément dans les détails, mais *grosso modo* toutes finissent par emprunter les mêmes voies pour aboutir à un point essentiel qu'on pourrait résumer ainsi : « Hé, un peu de respect pour l'univers, il est infiniment plus vaste que nous. »

Et vous savez quoi ? La religion n'a pas le monopole de ce genre d'histoires. Le monde scientifique en regorge lui aussi. D'ailleurs, c'est précisément sur ces dernières que s'est bâtie la culture geek.

Prenons la Bible. Au commencement, Dieu donne à Adam et Ève quelques règles simples, qu'ils ne suivent pas, si bien que leurs vies s'en trouvent chamboulées et que les conséquences sont immenses pour nous. Ensuite, Moïse rapporte du mont Sinaï les dix algorithmes divins auxquels chacun doit se soumettre : tu ne tueras point, tu ne porteras pas de faux témoignages, tu honoreras ton père et ta mère, etc., et, pendant tout le reste du Livre, les unes après les autres, des générations d'esclaves, de paysans, de marchands et de rois suivent et violent ces commandements, puis font de leur mieux pour vivre avec les conséquences.

Et maintenant prenons Isaac Asimov, écrivain et scientifique. Certes, il n'est pas Dieu. Il n'a pas créé l'univers, l'humanité et tout ce qu'on trouve entre les deux. Toutefois, il a imaginé qu'un jour l'humanité créerait des êtres artificiels, des intelligences mécaniques, auxquels elle donnerait des règles à suivre. Donc, après l'école, pendant que mon meilleur copain John était au catéchisme, penché sur l'Évangile selon Matthieu, j'étais chez moi, immergé dans *Les Robots*, d'Asimov, en train de découvrir des Abraham et des Job « nommés » SPD-1 et NS-10, aux prises avec des situations rendues insolubles par les lois auxquels ils étaient soumis.

Est-ce vraiment étonnant ? Que des robots conçus avec tout le réalisme possible par l'esprit d'un futurologue, scientifique de formation, souffrent d'angoisse existentielle ? En fait, c'est d'une logique imparable. Car le jour où Asimov s'est assis pour coucher sur le papier ses « lois de la robotique », les règles pratiques censées permettre à ces nouveaux êtres doués d'intelligence de coexister en harmonie les uns avec les autres et avec leurs créateurs, le résultat s'est révélé étonnamment proche des codes moraux de toutes les religions et philosophies apparues au cours de l'histoire humaine. Oh, bien sûr, la forme diffère quelque peu…

> 1. *« Un robot ne peut porter atteinte à un être humain ni, restant passif, laisser cet être humain exposé au danger. »*
> 2. *« Un robot doit obéir aux ordres donnés par les êtres humains, sauf si de tels ordres sont en contradiction avec la Première Loi. »*
> 3. *« Un robot doit protéger son existence dans la mesure où cette protection n'entre pas en contradiction avec la Première ou la Deuxième Loi. »*

Mais, reformulé en un langage plus direct, tout ça se résume à quelque chose d'assez simple :

Il est important de prendre soin de soi, mais plus encore de propager la joie, et par-dessus tout de tenir la vie pour un bien sacré.

Pas besoin d'être un robot, ni même un geek fan de science-fiction, pour comprendre qu'il s'agit là d'une fiche signalétique assez précise de ce qu'on peut considérer comme une bonne personne. Un idéal bien difficile à atteindre, comme chacun sait. Du coup, si la culture geek peut mener par des voies radicalement nouvelles, ouvertes à tous ceux qui se sont détournés des chemins traditionnels, aux mêmes vérités éternelles que celles révélées au fil des millénaires par les religions et les philosophies, alors, moi je dis, « louée soit la *geekerie*. »

Bien entendu, le royaume des geeks ne se limite pas au territoire de la science-fiction. Le geek se passionne pour tout un tas de choses, tout particulièrement celles relevant d'au moins un des deux grands axes culturels suivants : les maths et les mythes. L'amour des maths produit différents spécimens : le geek des sciences, le geek de l'informatique, le geek des échecs, tandis que la vénération des mythes donne naissance à des individus tels que le geek du théâtre, le geek de la littérature ou le geek du grec ancien. Et figurez-vous que c'est ce qui explique que l'image populaire du geek contemporain soit associée à la science-fiction et aux jeux de rôle, car c'est dans ces deux creusets que fusionnent les maths et les mythes : dans la littérature qui puise à l'infinité des possibles qu'offre la science, et dans les combats d'épées et de boules de feu arithmétiquement improvisés à grands coups de dés à vingt faces.

D'où *Sagesse geek* : le premier recueil des enseignements sacrés tirés du très large éventail des « saintes écritures » du royaume geek, cet agrégat étrange de culture populaire et d'art exigeant, des *blockbusters* du cinéma aux slogans cultes imprimés sur des tee-shirts en passant par les romans ésotériques. *Star Wars*. *Princess Bride*. Albert Einstein. Stan Lee. C'est à ces sources que nous avons recueilli (pour méditer dessus) les pensées et les paroles les plus profondes et les plus pures. Celles qui plongent au cœur même de la vie en ce XXIe siècle. Celles que nous citons comme si elles étaient tirées de la Bible ou de Shakespeare. Celles qui peu à peu ont émergé des tréfonds de l'underground pour former la structure cellulaire d'un nouveau canon culturel.

Notre canon culturel. Heureux les geeks car ils hériteront de la Terre !

REMARQUE SUR LES *SPOILERS*

SAGESSE GEEK présente des citations tirées d'un grand nombre de classiques du cinéma, de la littérature ou de la télévision. Inévitablement, certains des points que nous traitons pourront être considérés comme des *spoilers* par ceux qui n'ont pas encore découvert ces différentes œuvres. Néanmoins, nous avons pris soin d'éviter de gâter le plaisir en éventant les rebondissements inattendus et autres effets de surprise. Les *spoilers* contenus dans le présent ouvrage sont comparables à ceux qu'on peut rencontrer dans une discussion générale sur ces histoires. Autrement dit, quelques éléments peuvent être dévoilés, mais pas d'inquiétude : rien ne sera gâché.

I.

JE M'APPELLE INIGO MONTOYA

MY NAME IS INIGO MONTOYA

(LA CONNAISSANCE DE SOI)

« UN GRAND POUVOIR IMPLIQUE DE GRANDES RESPONSABILITÉS. »

– BENJAMIN PARKER, *SPIDER-MAN*

"WITH GREAT POWER COMES GREAT RESPONSABILITY."

C'EST L'ONCLE DE SPIDER-MAN qui dit ça à son neveu, et c'est pour cette raison que Peter Parker devient Spider-Man. Ayant fait le même constat, George Washington s'est dit qu'un bail de huit ans à la présidence des États-Unis était suffisant pour n'importe qui. Tim Allen a tenté de contourner la problématique, ce qui lui a valu de faire exploser son lave-vaisselle. Le roi David s'est affranchi de ce précepte et arrangé pour faire mourir l'époux de sa maîtresse, mais il y a gagné des problèmes familiaux aussi épiques qu'innombrables tout le reste de son existence. Selon toutes les apparences, le concept lui-même passe très loin au-dessus de la tête de Paris Hilton, ce qui explique que les amoureux des animaux sont depuis longtemps enclins à se faire du mouron pour son pauvre… pauvre petit chien. Quant à Albert Einstein, il avait pleinement conscience de la portée horrible et inhumaine de cette réalité, de sorte qu'il a écrit à Franklin Roosevelt pour lui expliquer que la construction d'une bombe atomique pouvait être envisagée. Incontestablement, ce truisme découle du verset biblique : « On demandera beaucoup à qui l'on a beaucoup donné » (Luc, XII, 48). Ces paroles d'un jeune Juif un peu altier, charpentier à Nazareth, ont sans doute des accents d'éternité, mais il a tout de même fallu qu'un autre jeune Juif, auteur de comics à New York, les reformule pour qu'une oreille contemporaine y perçoive une note d'authenticité.

La citation originale, parue dans *Amazing Fantasy n° 15* (1962), dit : « Un grand pouvoir ne peut se concevoir qu'accompagné de grandes responsabilités ! » Par la suite, l'expression a perdu son caractère solennel.

« DESTINÉE ! DESTINÉE ! JE NE PEUX PAS LUI ÉCHAPPER ! »

– DOCTEUR FREDERICK FRANKENSTEIN, *FRANKENSTEIN* JUNIOR

"DESTINY! DESTINY! NO ESCAPING THAT FOR ME!"

SELON TOUTE PROBABILITÉ, votre grand-père ne déterrait pas de cadavres pour recoudre ensemble des membres et ramener à la vie d'ignobles monstres au pas traînant. Et pourtant l'inexorable fatalité qui conduit le jeune Frederick à suivre la trace de son aïeul Victor est à l'œuvre dans la vie de tout un chacun. Un jour, alors que vous vous lavez les mains pour la quatrième fois depuis le dîner, vous comprenez subitement que vous avez sans doute hérité de cette hantise obsessionnelle des microbes qui valait à la tante de votre mère de passer pour une dingue. Des trois maisons où vous pouviez vous installer, il a fallu que vous choisissiez la plus éloignée et la moins pratique. Vous vous demandez bien pourquoi, jusqu'à ce que vous vous rendiez compte que le saule pleureur devant la fenêtre est exactement le même que celui planté dans le jardin par votre père lorsque vous aviez neuf ans. Après une vie entière avec une chevelure somptueuse, vous voici avec le crâne aussi lisse qu'une boule de billard. D'une manière ou d'une autre, le nom de votre famille est associé à un monstre, et il vient vous chercher. À vous de voir si vous le repoussez dans les ténèbres avec une torche, ou si vous l'accueillez pour le prendre contre vous en lui chantant une berceuse.

Le réalisateur Mel Brooks dit de *Frankenstein Junior* (1974) qu'il est le préféré de tous ses films.

« J'SUIS PAS FINI. »

– EDWARD, *EDWARD AUX MAINS D'ARGENT*

"I'M NOT FINISHED."

BIEN DIFFICILE pour un adolescent sensible d'appréhender le film *Edward aux mains d'argent* avec distance et discernement. La raison en est simple: cette œuvre cinématographique brosse le portrait absolument déchirant d'un jeune adulte exclu et tenu en marge de la société. La quintessence de l'horreur des banlieues pavillonnaires mornes et uniformes transparaît chez toutes les personnes qui évoluent autour d'Edward. Ce sont autant d'âmes noires et méprisables glissées dans des corps apprêtés, revêtus de beaux atours. Le film met en évidence plusieurs points essentiels sur la manière dont ce microcosme se comporte à l'égard d'un être physiquement différent. Même sa mère adoptive, qui pourtant l'adore, considère souvent Edward plus comme une « cause » que comme une personne. Et, lorsqu'il trouve une jeune fille à aimer, il doit renoncer à elle pour échapper aux représailles de ceux qui ne le comprennent pas. Lorsque Edward murmure « J'suis pas fini » en parlant de lui-même, autrement dit en signifiant: « Mon créateur ne m'a pas donné tout le nécessaire », c'est comme s'il s'adressait directement à tous les garçons du monde qui ont un jour rêvé d'être acceptés sans pour autant être conformes. Heureusement, le fait de grandir sans être « fini » permet parfois au geek de devenir la personne la mieux à même de guider et soutenir la génération suivante de jeunes pousses qui se sentent inadaptées. Nous savons qu'il n'est pas impératif d'être fini pour être extraordinaire.

Réalisateur favori du geek gothique, Tim Burton est un maître de l'imagerie mélancolique avant d'être un raconteur d'histoires. Néanmoins, il a qualifié *Edward aux mains d'argent* (1990) d'œuvre à moitié autobiographique, ce qui explique sans doute pourquoi ce récit est l'un de ses plus forts.

«CHAQUE FOIS QU'UNE LUMIÈRE BRÛLE DEUX FOIS PLUS, ELLE BRILLE DEUX FOIS MOINS LONGTEMPS. ET VOUS AVEZ BRÛLÉ ON NE PEUT PLUS BRILLAMMENT, ROY.»

– DOCTEUR ELDON TYRELL, *BLADE RUNNER*

"THE LIGHT THAT BURNS TWICE AS BRIGHT BURNS HALF AS LONG... AND YOU HAVE BURNED SO VERY, VERY BRIGHTLY, ROY."

MALGRÉ LES APPARENCES, Eldon Tyrell ne parle pas ici de rock'n'roll. De fait, en nous disant qu'il vaut mieux disparaître dans l'incandescence que se consumer à petit feu *(« better to burn out than to fade away »)*, Neil Young n'était sans doute pas tout à fait sincère, comme en atteste son statut actuel de vétéran absolu du folk, du rock et du grunge. En réalité, Tyrell nous parle d'un phénomène malheureusement trop fréquent : dans le domaine de la musique comme dans d'autres domaines, si le nom de nos icônes culturelles majeures s'inscrit au firmament, c'est en partie parce qu'elles nous ont été enlevées bien trop vite. Que ce soit à cause des excès et de l'imprudence (Jimi Hendrix, Jim Morrison), du suicide (Kurt Cobain, Ernest Hemingway), ou du meurtre (John Lennon, Abraham Lincoln), les vies passées loin au-dessus des simples mortels sont bien souvent marquées du syndrome d'Icare, mort pour s'être approché trop près du soleil dans sa folie. Au regard de la postérité, est-il préférable pour une superstar de disparaître dans l'incandescence (comme le Roy Batty aux yeux farouches de *Blade Runner*) que de se consumer à petit feu ? La prochaine génération de visionnaires ambitieux et créatifs ne serait-elle pas mieux inspirée de tourner le dos à cette tendance, et de rester ici-bas pour jouer un troisième acte ? Le fait que les geeks se soient emparés de la culture populaire traduit sans doute une rupture avec cette sinistre tradition, car, contrairement aux rockers et aux réplicants, les geeks sont tout sauf téméraires.

Dans le cinéma hollywoodien, après des décennies de vaisseaux spatiaux rutilants, le film *Blade Runner* (1982) offre une nouvelle vision de l'avenir, pleine de rues crasseuses et de matraquage publicitaire. Un avenir qui, depuis lors, ressemble chaque année un peu plus au présent.

« PAR LE GRAND MARTEAU DE GRABTHAR, PAR LES FILS DE WARVAN, JE TE JURE QUE TU AURAS TA VENGEANCE. »

—ALEXANDER DANE, *GALAXY QUEST*

"BY GRABTHAR'S HAMMER, BY THE SONS OF WARVAN, YOU SHALL BE AVENGED."

DIFFICILE PARFOIS d'accepter son cinglé intérieur. Dans *Galaxy Quest*, l'acteur désabusé Alexander Dane a vu sa carrière ruinée à cause des stéréotypes de la science-fiction. Du coup, il passe le plus clair du film à tenter de prendre ses distances avec le célèbre slogan du personnage qu'il incarnait dans la série éponyme dont le long-métrage est censé être tiré. Toutefois, à la fin, il comprend que certaines situations exigent que l'on clame ces paroles le plus sincèrement du monde, au nom de la justice. Or, il n'est pas rare de se retrouver dans cette situation. Bien souvent, le monde est cruel envers les âmes naïves qui croient dur comme fer aux idées un peu « cucul » telles que la justice, ou qui ne craignent pas de laisser transparaître leurs sentiments. Il n'y a qu'à voir comment l'extraordinaire puissance d'Internet sert bien souvent à lancer les piques les plus fielleuses là où la compassion serait infiniment plus appropriée. On se bouscule toujours pour montrer du doigt et se moquer du dernier « mème » qui fait le buzz sur la Toile. Après avoir vu la photo d'un Keanu Reeves authentiquement triste transformée par la grâce de Photoshop et déclinée en un millier de situations comiques, rien d'étonnant à ce que le clip de ce type lambda démentiellement excité devant le spectacle d'un double arc-en-ciel ne finisse tourné en dérision au moins un million de fois. Et pourtant exprimer avec passion ce que l'on ressent n'a rien de honteux. C'est une manière de communiquer clairement ce qui nous tient véritablement et profondément à cœur. Et, au bout du compte, il faut bien que quelqu'un le fasse, car sinon, par le grand marteau de Grabthar, qui s'occupera de vous venger ?

Parfois, les parodies et les pastiches traduisent un amour plus profond pour la source originale qu'aucune suite officielle ne pourra jamais le faire. En quarante ans, y a-t-il jamais eu un meilleur *Star Trek* que *Galaxy Quest* (1999), ou une meilleure adaptation des *Quatre Fantastiques* que *Les Indestructibles* ?

« TOUT CE QUI EST OR NE BRILLE PAS / TOUS CEUX QUI ERRENT NE SONT PAS PERDUS. »

– BILBON SACQUET, *LE SEIGNEUR DES ANNEAUX : LA COMMUNAUTÉ DE L'ANNEAU*

"ALL THAT IS GOLD DOES NOT GLITTER/ NOT ALL THOSE WHO WANDER ARE LOST."

TOLKIEN AURAIT PU synthétiser plus simplement sa description d'Aragorn en disant : « On ne juge pas un livre à sa couverture », mais il aurait perdu en poésie, non ? En plus de sa foi en une providence infinie et capricieuse – il a créé le néologisme *eucatastrophe* précisément pour désigner ces subits retournements favorables de la fortune –, Tolkien avait la conviction que l'on trouve la vertu dans les lieux les plus inattendus, bien souvent enveloppée dans des oripeaux que le monde moderne jugerait affreux. Des créatures qui ne sont que des arbres tordus, des vagabonds usés par la route, des vieillards ronchons vêtus de hardes grises sont autant de personnages sous les traits desquels se manifestent les puissances bienveillantes de la Terre du Milieu. Sans doute faut-il y voir une certaine part du simple fantasme de l'accomplissement des désirs, le vieux cliché de la personne ordinaire secrètement détentrice de capacités extraordinaires, mais il y a plus que ça. C'est une leçon que nous donne Tolkien sur le fait de juger les gens ou, plutôt, de ne pas les juger. Un message invitant également à apprécier la simplicité dans la vie, et à ne pas sous-estimer les ressources cachées des faibles et des opprimés. En dépit du catholicisme fervent de Tolkien, on peut noter comme un esprit taoïste dans ce sentiment. Le divin n'apparaît pas au grand jour, il faut aller le chercher sous la surface.

Quarante-sept ans après ses débuts en littérature en 1954, on découvre enfin Aragorn à l'écran. Personne ou presque n'a trouvé à redire à la performance de Viggo Mortensen dans le rôle de l'héritier en exil au trône de l'humanité, mais certains ont tout de même pointé en râlant que, même miteux et dépenaillé, il restait un peu trop beau au regard de ce que suggère l'épigraphe.

« JE NE SUIS MÊME PAS CENSÉ ÊTRE ICI AUJOURD'HUI ! »

– DANTE HICKS, *CLERKS* : LES EMPLOYÉS MODÈLES

"I'M NOT EVEN SUPPOSED TO BE HERE TODAY!"

LA SIMPLE LECTURE DE CES MOTS donne envie de mettre une gifle à quelqu'un, pas vrai ? Mais en même temps on comprend exactement ce que veut signifier celui qui les prononce. Quasiment tout le monde a un jour ressenti la désagréable piqûre infligée par le fait d'être appelé au taf un jour de congé. Pour autant, ce n'est pas très glorieux quand les jérémiades de la vie au boulot deviennent autant d'excuses assenées dans toutes les circonstances de la vie. Dante Hicks, employé chouineur de son état, nous sert cette pépite au moins huit cents fois (si ce n'est pas mille) au cours de ce film conçu comme une tranche de vie chez les glandeurs. Plus spécifiquement, il la sort chaque fois qu'il commet une erreur de jugement, comme si ces paroles avaient le double pouvoir de le renvoyer chez lui et d'effacer ses bévues. Malheureusement, être victime d'injustice n'exonère personne de ses responsabilités et de l'obligation d'assumer ses choix, une réalité que Dante s'efforce d'intégrer tout au long de la journée, à son corps défendant et le plus souvent poussé par Randal. (À cet égard, nous recommandons à chacun de faire précisément et définitivement le point sur ses convictions, ce qui vaut mieux que disserter sans fin pour savoir si les entrepreneurs indépendants engagés sur le chantier de construction de l'Étoile noire sont ou non des victimes innocentes.) Néanmoins, pas d'inquiétude : à condition de ne pas en faire une excuse systématique, chacun a le droit de se plaindre si on lui demande d'aller bosser un jour de congé.

C'est un détail rarement commenté, dans la mesure où le prénom Dante a connu une certaine vogue chez les bébés nés il y a une bonne vingtaine d'années, mais nous n'en pensons pas moins que l'idée de donner au personnage principal de *Clerks : Les Employés modèles* (1994) le nom du poète ayant exploré l'intégralité des tourments de l'enfer constitue en elle-même une petite hyperbole assez cocasse.

« LUSTRER... FROTTER. »

–M. MIYAGI, KARATÉ KID : LE MOMENT DE VÉRITÉ

"WAX ON... WAX OFF."

PERSONNE N'AIME APPRENDRE par cœur. Mémoriser des listes de dates et d'événements peut être utile pour décrocher un examen mais, si nous apprécions les livres et la culture générale, nous ne goûtons guère ces fastidieuses corvées mentales. Au bout du compte, on est juste content de l'avoir fait. Le véritable apprentissage, c'est quand on a les mains dans le cambouis : quand on passe des heures à jouer aux Lego et qu'on perce les secrets des structures et de la technique, quand un job d'été à la caisse d'un magasin nous apprend à nous comporter en adulte avec des inconnus, quand un stage en entreprise nous révèle l'envers du décor de la carrière qu'on s'est choisie. Par la douleur de l'expérience, on absorbe la connaissance d'une façon tangible et pragmatique, pas simplement en apprenant de quoi sont faites les choses, mais comment les faire soi-même, puis comment les faire encore mieux. Si l'on se concentre vraiment, alors bien vite on cherche à innover, on abat les murs et on adapte la part du monde qui est la nôtre. On ne devient pas seulement intelligent – avec cinquante centimes, ça permet seulement de s'acheter une sucette –, on devient compétent. Et s'il y a bien un objectif que tous les geeks poursuivent, c'est celui d'avoir des capacités supérieures à la norme. Du coup, on lustre.

Pour le plus grand bonheur des geeks, M. Miyagi, le gourou de *Karaté Kid : Le Moment de vérité* (1984), incarné par Pat Morita, a tourné en dérision son propre rôle dans le dessin animé *Robot Chicken*.

« VOIR ET ÉCOUTER SONT LES DEUX TÂCHES PRINCIPALES DU MAGICIEN. LE RESTE, C'EST DE LA TECHNIQUE. »

– SCHMENDRICK LE MAGICIEN, *LA DERNIÈRE LICORNE*

"THAT IS MOST OF IT, BEING A WIZARD – SEEING AND LISTENING. THE REST IS TECHNIQUE."

MÊME UNE MONTRE arrêtée donne l'heure exacte deux fois par jour. Dans *La Dernière licorne*, malgré ses doutes et ses incertitudes, Schmendrick le magicien parvient à assener plus d'une vérité. Les efforts qu'il déploie pour maîtriser sa magie constituent l'un des fils rouges du roman mais, par cette expression d'apparence désinvolte, il les synthétise en mettant en évidence ce qui est pour bon nombre d'entre nous le cœur du problème : savoir quand écouter puis, lorsque l'heure de parler est venue, savoir se faire entendre. On ne chantera jamais assez les louanges de l'art d'observer et d'écouter (un simple coup d'œil sur un fil de commentaires sur YouTube suffit pour prendre conscience de la valeur du sens de la mesure et de la retenue). Lorsqu'on s'attelle à l'apprentissage d'une nouvelle compétence, l'observation attentive est la plus utile des qualités. Tout l'art consiste à faire preuve de la patience voulue pour absorber l'information avant d'agir. Lorsqu'on a compris ça, comme le dit Schmendrick, le reste n'est que détails.

Parmi les classiques de la *Fantasy*, *La Dernière licorne*, de Peter S. Beagle, est l'un des rares à être simultanément un classique dans un autre genre : le livre de poney. Dans les bibliothèques, il voisine aussi bien avec *Black Beauty* et *Misty of Chincoteague* qu'avec *Le Hobbit* ou *Un raccourci dans le temps*.

« MÊME CELUI DONT LE CŒUR EST PUR ET QUI CHAQUE SOIR DIT SA PRIÈRE PEUT SE CHANGER EN BÊTE LORSQUE FLEURIT LA MORT-AUX-LOUPS ET RESPLENDIT LA LUNE D'AUTOMNE. »

– PROVERBE TZIGANE, *LE LOUP-GAROU*

"EVEN A MAN WHO IS PURE IN HEART AND SAYS HIS PRAYERS BY NIGHT MAY BECOME A WOLF WHEN THE WOLFBANE BLOOMS AND THE AUTUMN MOON IS BRIGHT."

CES QUELQUES VERS au début du *Loup-Garou* de 1941 marque l'entame de notre bref* et tragique voyage dans la non moins brève et tragique existence de Larry Talbot, un homme de bien dont le cœur pur n'a pas suffi à empêcher qu'une malheureuse rencontre avec la mauvaise extrémité d'un loup-garou fasse choir sur ses épaules un problème associé à une épaisse fourrure. L'auteur Curt Siodmak a si efficacement imprégné son récit du mystère et du mysticisme propres à l'immortel mythe du lycanthrope que, aujourd'hui encore, bien des spectateurs ne voient même pas que ce proverbe est intégralement sorti de son imagination. Au fond, ce poème parle de la peur ancrée au fond de chacun de nous qu'un jour des circonstances extérieures à notre volonté nous poussent, sans que nous ne puissions rien faire pour l'arrêter, à commettre un acte terrible, et ce quelle que soit la personne que nous nous efforçons d'être.

* « Bref », du moins jusqu'à ce que la première des suites ne sorte deux ans plus tard.

« CE TAPIS MEUBLAIT BIEN LA PIÈCE. »

– LE DUC, *THE BIG LEBOWSKI*

"THAT RUG REALLY TIED THE ROOM TOGETHER."

SI VOTRE MAISON ÉTAIT EN FLAMMES et que vous ne puissiez prendre qu'une seule chose avant de fuir, quelle serait-elle ? Un choix bien cornélien, mais pas pour le Duc. Pour lui, ce tapis est un talisman aussi mythique et puissant que le sabre laser de Luke Skywalker ou le borsalino d'Indiana Jones. Et son indéfectible dévotion pour cet artefact nous donne à comprendre pourquoi son personnage résonne si fort en nous. Nous sommes conditionnés à concevoir les héros de cinéma comme autant d'êtres énergiques, vifs d'esprit et prompts à l'action. Or, le Duc incarne un être qui est l'exact opposé du héros conforme au paradigme classique. Il est notre identité libre menant une vie débraillée, sans entraves et aux abdos sculptés à la bière. Le code d'honneur personnel du Duc se fonde sur une simplicité primale à laquelle chacun peut se sentir rattaché, et que bon nombre d'entre nous rêvent de pouvoir s'approprier. Même lorsqu'on lui offre une part de l'argent qu'il a trouvé, le Duc décline la proposition, arguant qu'il n'est pas gourmand et qu'il n'a jamais rien voulu d'autre que récupérer son tapis. Contre vents et marées, envers et contre tout, il reste indéfectiblement fidèle à lui-même face à un monde moderne de plus en plus incompréhensible et absurde. Et, ça, c'est du bon matos, Duc.

La présence de Jeff Bridges dans un film n'a peut-être pas la portée culturelle de celle d'un Johnny Depp, mais ses rôles hors des sentiers battus – le Duc, Kevin Flynn dans *Tron*, Obadiah Stane dans *Iron Man*, l'extraterrestre en titre dans *Starman* – font définitivement de lui une star geek.

« LE. PIRE. ÉPISODE. »

– LE VENDEUR DE BD, *LES SIMPSON*

"WORST. EPISODE. EVER."

« BAZINGA ! »

– SHELDON, *THE BIG BANG THEORY*

"BAZINGA!"

UNE CHOSE EST SÛRE, les geeks ont des avis bien tranchés. Nous exprimons nos points de vue comme autant de « + 1 » brandis comme des lances, assenant nos jugements sur des divertissements somme toute mineurs avec la même implication fervente que si nous débattions des Saintes Écritures (hum). Ceux d'entre nous qui ont traîné sur les forums Internet et autres chats n'ont pas fait que côtoyer des gens comme l'infâme vendeur de BD des Simpson, ils ont été de cette confrérie. La ligne de démarcation est mince entre une passion des plus louables pour ce que nous aimons, comme les vaisseaux spatiaux, les superpouvoirs, les costumes, les histoires fantastiques, et un militantisme presque effrayant quant à la façon appropriée de les apprécier. Pour partie, c'est ce distinguo subtil qui détermine ce que nous sommes. Le vendeur de BD est ignoble non seulement à cause de sa morgue hautaine, incontestable, mais aussi parce que, dans nos pires moments, nous lui ressemblons. Nous aussi pouvons faire preuve d'aveuglement dans nos critiques et d'ineptie dans nos rapports sociaux. Heureusement pour le geek contemporain, ces instants ne sont plus aussi fréquents que par le passé. Il y a bien longtemps désormais que nous sommes sortis de notre cave pour nous

emparer de la culture populaire, et nous avons développé une capacité à rire de l'image de ce que nous étions autrefois.
Mais, parfois, il y a des rechutes.
L'un des ambassadeurs les plus éminents du royaume geek de cette décennie, Sheldon Cooper, de *The Big Bang Theory*, physicien de haute volée titulaire d'un doctorat décroché avant sa puberté, maîtrise en outre les règles du shifumi : pierre, feuille, ciseaux, lézard, Spock. Sheldon, qui porte le vieux stéréotype de l'hyper intello asexué à des hauteurs encore jamais atteintes, est un universitaire railleur, méthodique et très sourcilleux quant à l'hygiène, à qui la fréquentation de son cercle d'amis fait le plus grand bien. Sur le papier, il incarne très exactement la personne dont bien des geeks feraient leur porte-étendard. Mais, au fil des épisodes et des saisons, Sheldon se met de plus en plus à aller dans le sens des petites piques à son endroit et des tours que lui jouent les autres personnages : sa méticulosité tourne à l'infantilisation, ses observations pleines d'ironie prennent des allures de persiflage pompeux, et ses blagues d'initié deviennent des formules à l'emporte-pièce dans les scènes que les auteurs ne savent pas comment conclure de manière cohérente. (Face caméra, « Bazinga ! »)
Geeks du monde entier, ne laissez pas une chose pareille vous arriver. Nous savons que vous vous épanouissez dans votre geekerie, mais il est si facile de glisser du côté obscur. Efforcez-vous de ne pas devenir des caricatures de vous-mêmes. Et s'il faut à tout prix que vous émailliez vos phrases d'une accroche que vous voyez comme votre signature, faites vraiment en sorte de ne pas en abuser.

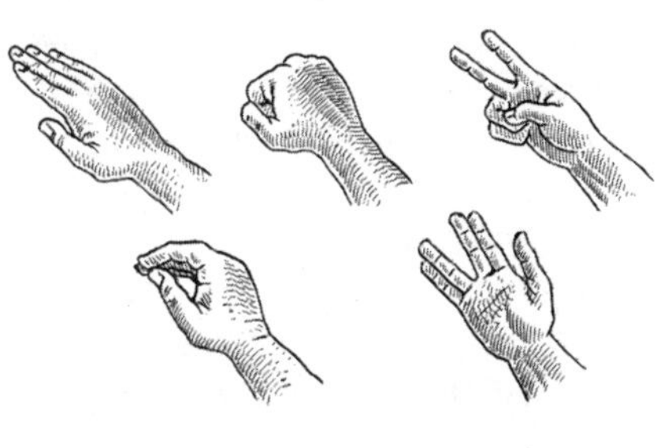

Petite remarque à l'intention des producteurs TV : nous geeks savons faire la différence entre les moments où vous riez avec nous et ceux où vous riez de nous. Sheldon et le vendeur de BD : avec nous. Steve Urkel : de nous.

« LA PEUR TUE L'ESPRIT. LA PEUR EST LA PETITE MORT QUI CONDUIT À L'OBLITÉRATION TOTALE. »

– LITANIE CONTRE LA PEUR DU BENE GESSERIT, *DUNE*

"FEAR IS THE MIND-KILLER. FEAR IS THE LITTLE-DEATH THAT BRINGS TOTAL OBLITERATION."

ELLE LÀ-BAS, assise de l'autre côté de la pièce. Elle a de longs cheveux, très beaux, et elle-même est très jolie. Vous ne cessez pas de l'observer à la dérobée, c'est plus fort que vous. Et chaque fois qu'elle regarde dans votre direction, vous détournez la tête pour que surtout, surtout, ses yeux ne rencontrent pas les vôtres. Si cela devait arriver, elle saurait. Elle comprendrait ce que vous ressentez. Et ça… ce serait gênant au-delà de ce qu'un homme peut supporter. Vos amis vous poussent du coude. « Allez, va lui parler », disent-ils. Impossible. Vos membres sont inertes et glacés. Votre langue est tout enflée, énorme dans votre bouche. « Mais vas-y », insistent-ils. Vous ne bougez pas. La peur vous tétanise et, à cause d'elle, vous avez déjà échoué. Vous savez que la cause est perdue d'avance pour vous… à moins que… peut-être pourriez-vous faire disparaître cette peur. Penser, parler, agir de nouveau. Repousser l'émotion brute pour renouer avec la raison et la confiance. Vous pourriez aller lui parler pour que peut-être, peut-être, elle vous réponde. Et que vous puissiez de nouveau sourire.

Dune (1965), le roman révolutionnaire de Frank Herbert par la suite devenu un classique, a été refusé à douze reprises. Pour autant, Herbert n'a pas laissé la peur l'empêcher de continuer à chercher, jusqu'à ce qu'il trouve enfin un éditeur qui croie en lui.

« SI MON MÉDECIN M'ANNONÇAIT QU'IL NE ME RESTE QUE SIX MOIS À VIVRE, JE NE BROIERAIS PAS DU NOIR. JE TAPERAIS PLUS VITE. »

– ISAAC ASIMOV

"IF MY DOCTOR TOLD ME I HAD ONLY SIX MINUTES TO LIVE, I WOULDN'T BROOD. I'D TYPE A LITTLE FASTER."

IL SUFFIT DE VOIR l'immense bibliothèque de connaissances et de sagesse qu'Isaac Asimov nous a léguée au terme de sa vie extraordinaire, un gisement dont nous continuerons de bénéficier pour des temps immémoriaux, pour comprendre qu'il parlait sérieusement. Cependant, il n'est pas nécessaire d'être Isaac Asimov lui-même pour saisir la portée générale de son propos. Dès l'instant de notre naissance, le compte à rebours est enclenché. Chacun de nous est mis au défi d'accomplir ce qui doit être fait avant que ne tombe l'ultime grain dans le sablier. Que nous sachions ou non combien de temps il nous reste à vivre, pour faire écho au postulat d'Asimov, le simple fait de savoir que la vie est une course contre la montre que nous sommes programmés à perdre peut devenir un motif de désespoir ou, au contraire, un irrésistible appel à l'action. Aux oreilles de tous ceux chez qui vibre la corde de l'élan créatif, ce besoin irrépressible de faire jaillir ce qu'ils portent en eux, les mots d'Asimov n'ont pas seulement des accents de vérité, ils ont aussi le poids des paroles d'évangile.

Au cours des années soixante et soixante-dix, l'apport colossal d'Asimov en tant que vulgarisateur scientifique de renom, romancier à succès et expert reconnu des questions relevant du futurisme, lui valait d'être en quelque sorte un ambassadeur de l'univers geek. Dans le monde médiatique d'aujourd'hui extrêmement fractionné, plus personne n'est en mesure de tenir, seul, un rôle d'une telle ampleur.

« LES GROSEIBOISES ? ÇA N'EXISTE PAS, LES GROSEIBOISES ! »

– VERUCA SALT, *CHARLIE ET LA CHOCOLATERIE*

"SNOZZBERRIES? WHO EVER HEARD OF A SNOZZBERRY?"

LES SALES GOSSES. Les quatre gamins qui accompagnent Charlie Bucket dans le chef-d'œuvre de Roald Dahl appartiennent incontestablement à cette catégorie. Et lorsque Veruca, la petite fille pourrie gâtée, pose cette question avec tout le mépris narquois voulu, elle illustre parfaitement une idée présente dans tous les textes sacrés de la sagesse geek : jouer les Monsieur ou Madame-Je-Sais-Tout n'est pas un signe d'intelligence. Au contraire, ce serait plutôt la marque d'un esprit étroit. Dans la vie réelle, ce que les sales gosses ne comprennent pas, c'est que ce ne sont pas ceux qui s'accrochent de toutes leurs forces à ce qui existe dont l'aura illuminera les grands chemins de l'histoire, ce sont ceux qui osent aller voir du côté de ce qui pourrait être. On pourrait citer bien des exemples de ces personnages prompts à proclamer agressivement la justesse de leurs vues, mais l'histoire les a si bien jugés que leurs noms ont le plus souvent sombré dans l'oubli. En revanche, les noms de Copernic, Galilée et autres esprits curieux en quête de vérité demeureront pour l'éternité. Mue par l'unique force de son humeur pleine d'assurance, Veruca Salt nous rappelle combien la foi exclusive en une dynamique égocentriste peut être dangereuse. En dépit de la véhémence de ses paroles, il se trouve que les groseiboises existent dans le monde de Willy Wonka, tout comme il existe bel et bien des planètes, des atomes et des quarks dans notre univers. Il faut simplement avoir l'esprit ouvert pour les trouver.

Il existe quatre Veruca Salt : celle du livre de Roald Dahl (1964), celle de la première adaptation cinématographique (1971), celle du remake (2005), et celle du groupe de rock indé de Chicago, qui a adopté ce nom en 1993 et poursuit encore sa carrière aujourd'hui.

« L'ERREUR EST HUMAINE, MAIS POUR VRAIMENT FOUTRE LA MERDE, IL FAUT LE MOT DE PASSE *ROOT*. »

– TRUISME DE GEEK DE L'INFORMATIQUE

"TO ERR IS HUMAN; TO REALLY SCREW UP REQUIRES THE ROOT PASSWORD."

PAUVRE WIL WHEATON. Il a réussi à s'arracher d'un passage à vide post-adolescent, imputable à son statut d'acteur enfant devenu trop vieux, pour connaître une résurrection triomphale en tant que blogueur parmi les plus populaires du Net. Pendant des années, il s'est ainsi reconstitué un *mojo* de compétition sur Wilwheaton.net. Et puis, un jour de septembre 2005, il a décidé d'aller batifoler dans le code et de bidouiller sa base de données. En une fraction de seconde, son univers numérique est parti en live. Planté. *Finito*. Heureusement pour Wil, Google peut se révéler miséricordieux, et même si « wilwheaton.typepad.com » ne sonne pas tout à fait aussi bien que le nom du site web original, au moins le trouve-t-on facilement sur la Toile. Cependant, contrairement à nos existences virtuelles, la vie humaine ne comporte pas de fonction *« reset »*. Dans la vraie vie, certaines choses irremplaçables peuvent être brisées de manière définitive : un objet de famille que l'on chérit, un mariage, une nation. Du coup, avant de percer la peau tendre du ventre des choses, sans doute est-il judicieux de se poser des questions. *Est-ce que je sais comment éviter de fracasser ça ? Est-ce que j'en suis vraiment sûr ?*

Sur un système de type Unix, *root* est le compte du super-utilisateur qui contrôle tous les fichiers du système d'exploitation. Le plantage de la base de données de Wil s'est produit sur un autre système, MySQL. De crainte que vous nous preniez pour de faux geeks, nous soulignons les différences techniques, mais pour mieux mettre en évidence la validité de l'analogie.

« BONJOUR, CLARICE. »

– HANNIBAL LECTER, *LE SILENCE DES AGNEAUX*

"WHY, HELLO, CLARICE."

« SI SEULEMENT TU CONNAISSAIS LE POUVOIR DU CÔTÉ OBSCUR. »

– DARK VADOR, *L'EMPIRE CONTRE-ATTAQUE*

"IF YOU ONLY KNEW THE POWER OF THE DARK SIDE."

« ENTREZ DANS MON SALON », disait l'araignée à la mouche. Que ressentait Clarice Starling en remontant le couloir humide de la prison le jour de sa première entrevue avec Hannibal Lecter ? Probablement la même chose que nous qui l'accompagnions en tant que spectateurs : de la terreur, un certain dégoût et… de la curiosité. L'irrésistible pouvoir d'attraction du mal. La tentation de l'interdit, l'attrait de l'illicite. Et même si une part rationnelle de nous-mêmes sait que rien de bon ne peut sortir d'un petit tour de ce côté-là, une autre part rêve de repousser les limites histoire de voir ce qui arrivera. Si la « mauvaise pente » est un cliché, c'est qu'elle correspond à une réalité. Tout arrangement avec la morale ne demande qu'à conduire à un deuxième compromis, et ainsi de suite. Et qu'il s'agisse de personnages de fiction, tels que Hannibal Lecter et Anakin Skywalker, ou de scénarios réels, à l'image de l'enfant sadique qui devient un parent violent, l'histoire regorge d'exemples de personnes ayant poussé les choses un peu trop loin. Pour autant, nous persistons à regarder le mal dans les yeux, peut-être simplement pour nous prouver que nous en sommes capables. C'est pour cette raison que l'agent Starling n'a de cesse d'y retourner, alors même que Lecter la tient chaque fois plus serrée dans les filets de son jeu terrifiant. Et, admettons-le, c'est pour cette même raison que nous continuons de regarder. Après tout, la suite du *Silence des agneaux* n'est pas intitulée *Clarice*.

Dans *Le Silence des agneaux*, les scènes d'interrogatoires ont été tournées dans les entrailles du bâtiment du Soldiers and Sailors Memorial (Mémorial aux soldats et aux marins) de Pittsburgh, à un jet de pierre de La Mecque geek qu'est l'université Carnegie-Mellon.

« JE NE L'AI JAMAIS FAIT ! »

– CLAIRE, *THE BREAKFAST CLUB*

"NO, I NEVER DID IT!"

CLAIRE ASSURAIT GRAVE, ET ELLE LE SAVAIT. Du moins, telle était sa conviction jusqu'à ce que, sous le feu des questions, il lui faille admettre qu'elle était bien cette jeune fille inexpérimentée et peu sûre d'elle qu'elle s'efforçait de dissimuler. Peu importe que l'on jubile de voir Miss Parfaite remise à sa place, ou que l'on compatisse avec la pauvre créature contrainte de se révéler. Non, ce qui est important, c'est que Claire et les autres adolescents inadaptés du *Breakfast Club* nous montrent que nous n'étions pas seuls à voir sous son vrai jour le théâtre hypocrite de la cour du lycée. Bien sûr, nous avions tous nos coteries, nos bandes et nos petits cercles – et hors de question que ces différents cénacles se mêlent les uns aux autres –, mais si l'adorable fille à papa aux cheveux de feu était elle aussi une adolescente mal dans sa peau, alors que reste-t-il aux losers comme nous qui nous sentions les rois du monde de parvenir à peloter un peu aux alentours de nos seize ans ? Eh bien, il nous reste la démonstration que tous ces gens au lycée que nous trouvions tellement, tellement, tellement plus cool et géniaux que nous… ne l'étaient pas. Parce que Claire ne l'avait jamais fait.

Judd Nelson, à l'affiche de *The Breakfast Club* (1982), a encore renforcé sa crédibilité de geek en prêtant sa voix au personnage de Hot Rod dans le film d'animation *Les Transformers : Le Film* (1986).

« PEU IMPORTE OÙ VOUS ALLEZ... VOUS ÊTES LÀ. »

– BUCKAROO BANZAÏ,

LES AVENTURES DE BUCKAROO BANZAÏ À TRAVERS LA 8^E^ DIMENSION

"NO MATTER WHERE YOU GO... THERE YOU ARE."

COMME NOUS L'AVONS souligné dans l'introduction, les répliques lancées sur le ton de la plaisanterie peuvent recéler infiniment plus de profondeur et de sérieux que prévu. Tout en profitant d'un créneau dans son emploi du temps d'homme d'action-chirurgien spécialiste du cerveau-physicien nucléaire pour jouer quelques ballades de piano-bar sous son autre identité de rock star, l'héroïque génie universel Buckaroo Banzaï laisse tomber cette véritable perle pour calmer une foule turbulente. Le scénariste Earl Mac Rauch l'utilise à des fins humoristiques pour embrouiller le public à l'écran comme dans la salle de cinéma avec ce qui a tout l'air d'être une tautologie existentielle aux allures de mantra zen, que son inutilité rend parfaitement hilarante. Or cette phrase signifie bel et bien quelque chose, que l'on saisit mieux si, dans la seconde partie, on met l'emphase non pas sur le « là » mais sur le « vous ». Le sens de cette locution n'est pas « Tout lieu est un endroit », mais plutôt « Vous ne pouvez pas vous fuir vous-même ». En tous lieux et en toutes circonstances où vous vous trouvez, vous êtes systématiquement l'unique dénominateur commun. Du coup, le meilleur moyen d'améliorer votre cadre de vie est sans doute de vous améliorer vous-même.

Les Aventures de Buckaroo Banzaï à travers la 8e dimension (1984) est incontestablement un sommet en matière d'histoire pince-sans-rire. À la première vision, même les fans de science-fiction les plus zélés le qualifient souvent d'infâme foutoir, avant d'y revenir ensuite pour s'apercevoir que, tout du long, les réalisateurs tissent une comédie subtile.

« IL Y A DES QUALITÉS VOCALES QUI SONT PARTICULIÈRES AUX HOMMES, ET D'AUTRES PARTICULIÈRES AUX BÊTES. OR IL EST EFFRAYANT D'ENTENDRE L'UNE QUAND LA SOURCE DONT ELLE PROVIENT DEVRAIT PRODUIRE L'AUTRE. »

– H.P. LOVECRAFT, *L'APPEL DE CTHULHU*

"THERE ARE VOCAL QUALITIES PECULIAR TO MEN, AND VOCAL QUALITIES PECULIAR TO BEASTS; AND IT IS TERRIBLE TO HEAR THE ONE WHEN THE SOURCE SHOULD YIELD THE OTHER."

EXISTE-T-IL au monde quelque chose qui mette aussi sûrement la peur au cœur que de voir ou d'entendre un homme à qui on arrache son humanité ? L'idée même de la terreur incontrôlable nous glace le sang, car elle ne souligne que trop bien combien est fragile l'emprise que nous avons sur notre humanité. Nous nous disons que nous ne sommes pas des bêtes, mais des êtres humains. Pourtant, la peur est un élan primal. Si civilisés que nous puissions nous croire, la peur sait se frayer un chemin sous notre peau pour s'enfoncer dans ces chairs tendres et corruptibles dont nous nous ingénions à nier l'existence. Dans l'enfance, ce venin peut être le noir ou la hauteur, les araignées ou les clowns, mais le résultat est toujours le même. La perte de contrôle. L'impression que le corps et l'esprit peuvent être paralysés, même en sachant qu'il n'y a rien à redouter. Dans ces instants, nous n'avons plus rien d'humain. Nous redevenons des bêtes. Et plus encore que l'obscurité, les clowns ou les araignées, c'est ça qui nous épouvante : la crainte atroce de céder à quelque chose tapi au fond de nous.

H.P. Lovecraft avait beaucoup d'amis, avec qui il dialoguait essentiellement par voie épistolaire. Il est aussi l'auteur d'histoires d'horreur et fantastiques mettant en scène des versions à peine déguisées de sa propre enfance. En un mot, il fut le tout premier geek émo de l'histoire.

« OUI ! LE DANGER SIFFLE COMME UN SERPENT PUISQUE LES RAMEURS SONT COURBÉS SOUS LE VENT ET QUE JE NE PERÇOIS DANS LEUR CHANT AUCUN SIGNE D'UN QUELCONQUE APAISEMENT »

– WILLY WONKA, *CHARLIE ET LA CHOCOLATERIE*

"THE DANGER MUST BE GROWING
FOR THE ROWERS KEEP ON ROWING
AND THEY'RE CERTAINLY NOT SHOWING
ANY SIGNS THAT THEY ARE SLOWING!"

LES FORCES EXTÉRIEURES qui secouent nos vies et nous plongent bille en tête dans les problèmes sont souvent bien moins inquiétantes que les ennuis que nous nous causons à nous-mêmes. C'est parce que nous agissons souvent comme nos pires ennemis, en contribuant à donner de l'élan aux petits soucis, ou bien en aggravant les catastrophes en gestation par de piètres décisions (généralement motivées par l'égoïsme). Un vrai défi à l'entendement. Si nous étions avertis à l'avance de l'imminence d'un danger, on pourrait croire que notre instinct nous pousserait à nous montrer plus prudents et plus attentifs. Au lieu de ça, nous faisons l'inverse. L'homme est inconséquent. Insouciant. Égoïste. La certitude que des déconvenues nous attendent au coin du bois ne nous prémunit absolument pas contre cette tendance naturelle à l'autosabordage. Willy Wonka le sait parfaitement, lui qui provoque les enfants dans sa chocolaterie au sujet du danger au-devant d'eux, qui persifle en agitant le spectre des ennuis à venir, et qui, au fond, ne fait que confirmer son intuition que ces gamins ne finiront pas emportés par le flot impétueux de sa merveilleuse rivière de chocolat, mais perdus par la bêtise de leurs propres actions. Les rameurs peuvent continuer à ramer et le danger à approcher, les pires menaces auxquelles nous avons à faire face découlent bien souvent de nos propres choix.

Casus belli sauce geek : nous déclarons ici que cette scène dans l'adaptation de 1971 de *Charlie et la chocolaterie* prouve incontestablement, sans rien retirer de notre affection pour Johnny Depp, que nul ne supplantera jamais Gene Wilder dans le rôle de Wonka.

« MAIS JE VOULAIS ALLER À LA STATION TOSCHE POUR RÉCUPÉRER DES CONVERTISSEURS DE PUISSANCE ! »

– LUKE SKYWALKER, *STAR WARS : UN NOUVEL ESPOIR*

"BUT I WAS GOING INTO TOSCHE STATION TO PICK UP SOME POWER CONVERTERS!"

« POURQUOI MOI ? »

– GARION, LE PION BLANC DES PRÉSAGES

"WHY ME?"

OH ! PETITS ADOLESCENTS pleurnichards au fond de vos banlieues. Est-ce que vous ne pouvez pas simplement la fermer et faire ce qui doit être fait ? Si seulement vous y parveniez, vous deviendrez de grands héros romantiques. Prenez donc exemple sur Westley dans *Princess Bride* (p. 77). Comme vous, ce n'est qu'un pauvre garçon qui vit dans une ferme miteuse à l'extérieur de la ville. Mais, au lieu de ça, vous passez la moitié de votre temps à vous plaindre et, en toute sincérité, ça n'agit pas favorablement sur votre potentiel de séduction. Hé, Luke, tu sais pourquoi ça ne marche pas avec la fille ? Ce n'est pas parce que c'est ta sœur. Non, George a décidé d'en faire ta sœur parce qu'il devenait douloureusement évident que les dames avaient un faible pour Han Solo qui, en dépit de ses problèmes avec divers créanciers et autorités, n'a jamais rechigné, lui. C'est la même chose avec ton homologue de *Fantasy* médiévale, Garion, de *La Belgariade* de David Eddings, dont l'épée est tout aussi longue et rutilante et la princesse tout aussi déterminée, qui laisse les adultes lui dire ce qu'il doit faire et qui passe quand même le plus clair de son temps à regimber. Voilà ce que vous devriez faire, les gars : si vous avez de vrais problèmes, d'accord, appelez à l'aide. Mais si vous ne savez pas quoi faire de votre peau, si vous n'avez pas envie de faire vos corvées, alors là, inutile de japper.

Contrairement à une bonne part de la fantaisie épique des années quatre-vingts qui pillait Tolkien, *La Belgariade*, de David Eddings, se lit plus comme une riche et dense saga à la *Star Wars* en tenues arthuriennes.

« TU EMPLOIES TOUJOURS CE MOT. JE NE SAIS PAS S'IL VEUT DIRE CE QUE TU PENSES. »

– INIGO MONTOYA, *PRINCESS BRIDE*

"YOU KEEP USING THAT WORD. I DO NOT THINK IT MEANS WHAT YOU THINK IT MEANS."

VOILÀ POURQUOI NOUS ADORONS INIGO Montoya : il n'y a pas la moindre trace de cynisme en lui. Lorsque Vizzini clame qu'il est « inconcevable » que ses stratagèmes échouent, cette grande gueule verticalement diminuée connaît très exactement la signification de ce mot, mais son arrogance boursouflée est telle qu'il affirme à toute force que ce choix lexical est pertinent, même quand il ne l'est vraiment pas. Inigo pourrait très bien souligner ce fait, mais il ne le fait pas. Il accorde à Vizzini le bénéfice du doute et émet l'hypothèse que peut-être, juste peut-être, le pompeux Sicilien a pu s'emmêler les pinceaux dans ses définitions. Peu importe qu'Inigo soit sincère à cet instant, ou qu'il fasse preuve d'un esprit sarcastique incroyablement subtil : il a toutes les apparences de la sincérité et offre ce faisant à Vizzini la possibilité de renoncer à sa bêtise et de reconsidérer la situation. Le fait que Vizzini ne saisisse pas la perche prouve que son sort est écrit d'avance. Le fait qu'Inigo lui fasse cette proposition démontre qu'il est prêt à envisager toutes les possibilités. Jusqu'à ce que les faits tranchent dans un sens ou un autre, bien sûr.

William Goldman, par ailleurs auteur de *Butch Cassidy et le Kid*, a écrit à la fois le roman et le scénario de *Princess Bride*. Cette fiction est probablement celle qui a donné lieu aux meilleures adaptations sur différents médias de toute l'histoire. Ce n'est pas un hasard si elle est l'une des plus fréquemment citées.

« PEUT-ON FAIRE ÇA, PAPA ? UN HOMME PEUT-IL CHANGER SON ÉTOILE ? »

– WILLIAM THATCHER, *CHEVALIER*

"CAN IT BE DONE, FATHER? CAN A MAN CHANGE THE STARS?"

CETTE QUESTION, QUI EST L'INTERROGATION au cœur de la comédie romantique médiévale *Chevalier*, nous donne un excellent exemple de (a) la facilité avec laquelle on peut combiner la science moderne de l'astronomie avec la pratique ancienne de l'astrologie, et (b) l'intérêt poétique de cette approche, pour peu qu'on veille à ne pas prendre la chose trop au sérieux. Dans la séquence d'exposition de ce thème, un écuyer grisonnant explique au jeune William, paysan de son état, qu'il n'a pas plus de chances de devenir noble que de changer la course des étoiles, une référence limpide aux données astronomiques selon lesquelles les corps célestes, objets de la nature, sont ce qu'ils sont et font ce qu'ils ont à faire, sans se préoccuper le moins du monde des hommes qui s'agitent à la surface de la Terre. Ensuite, le père du garçon lui dit qu'avec suffisamment de courage et de détermination tout homme peut atteindre les objectifs qu'il se fixe. William prend très à cœur ce conseil et consacre sa vie à « changer son étoile. » Par la grâce d'un pronom possessif, l'étoile cesse d'être une métaphore de l'univers implacable pour devenir le reflet du destin d'un aspirant chevalier. Dans sa simplicité naïve, William prend au pied de la lettre le modèle astrologique du firmament imposant sa volonté aux hommes, avant de le renverser dans le même mouvement, en envoyant paître les cieux pour affirmer qu'il se forgera sa propre destinée. Une bien élégante leçon sur la puissance du mythe et de la métaphore dans les histoires, qu'il s'agisse de celles qu'on lit, qu'on écoute et qu'on regarde, ou de celles que l'on vit.

« IL N'Y A AUCUN INTÉRÊT À ÊTRE ADULTE SI ON NE PEUT PAS SE COMPORTER COMME UN ENFANT DE TEMPS EN TEMPS. »

– LE DOCTEUR, *DOCTOR WHO*

"WHAT'S THE POINT IN BEING GROWN UP IF YOU CAN'T BE CHILDISH SOMETIMES?"

« DEUXIÈME ÉTOILE À DROITE ET TOUT DROIT JUSQU'AU MATIN. »

– PETER PAN, *PETER PAN*

"SECOND STAR TO THE RIGHT, AND STRAIGHT ON TILL MORNING."

À UN MOMENT DONNÉ du *continuum* entre 2006 et 2010, *Doctor Who* est devenu le nouveau *Star Trek*. Autrement dit, la série a cessé d'être cet ovni britannique de science-fiction un peu bizarre, aux effets spéciaux risibles, que même les nerds américains n'avaient jamais vraiment regardé, pour s'imposer comme la nouvelle référence de la culture populaire geek. Désormais, quiconque connaît un tant soit peu le sujet fait sans conteste partie de la tribu. Pourquoi un tel phénomène ? Eh bien, d'une part, cela tient au fait qu'il y avait un vide – en dépit de J.J. Abrams, cela fait des années que *Star Trek* est à la peine – et, d'autre part, au fait que l'accès *via* Internet aux émissions de la BBC en temps réel, et non plus des mois plus tard sur le réseau de télévision public américain PBS (Public Broadcasting Service), a contribué à diffuser largement la série aux États-Unis. Mais il y a quelque chose de plus profond encore : le « Docteur » est un héros de notre temps. Là où le *Star Trek* d'aujourd'hui nous donne une vision techniciste de l'avenir, *Doctor Who*, avec son génie fou à moitié anar et à moitié absurde qui voyage dans le temps en passant de galaxie en galaxie à bord d'une cabine téléphonique de police britannique, est le juste reflet d'une époque contemporaine si nonchalamment démente qu'on a souvent l'impression que le mieux qu'on puisse faire pour vaincre nos pires dilemmes est encore de prendre une grande inspiration, de cogiter en ricanant nerveusement, puis de tenter la chose la plus folle soufflée par la partie tordue de notre esprit, tout en croisant les doigts et en formulant des vœux pour le monde entier. *Doctor Who* représente non seulement le « triomphe de l'intellect et de la romance sur la force brute et le cynisme », comme l'a si bien dit Craig Ferguson, mais plus spécifiquement encore notre vision innocente et pure d'un univers où tout est possible. Le Docteur est un Peter Pan adulte, qui passe sa vie à rencontrer de nouveaux amis pour leur apprendre à livrer les justes combats sur la Terre et non pas à Neverland ou dans un pays imaginaire. Et ce n'est pas rien pour un alien de plus de neuf cents ans.

« J'T'ÉCRASE LA TÊTE ! »

– MR TYZIK, *THE KIDS IN THE HALL*

"I'M CRUSHING YOUR HEAD!"

TOUT EST UNE QUESTION de perspective. Est-il possible d'écraser la tête de quelqu'un entre le pouce et l'index ? Bien sûr que non… à moins de reculer de quelques mètres, de fermer un œil, de lever une main devant l'œil ouvert et là, oui, la tête de la victime n'est pas plus grosse qu'un grain de raisin qu'on peut alors écraser entre deux doigts devenus gigantesques. C'est une illusion, naturellement, mais l'illusion est un outil puissant. Les histoires geek recourent souvent, et de manière consciente, à ces décalages référentiels à la Maurits Escher : par exemple, le Tardis de *Doctor Who* peut faire passer l'intérieur d'un gigantesque vaisseau spatial par la porte d'une cabine d'un mètre vingt sur un mètre vingt au sol, et de deux mètres vingt de haut parce que, voyez-vous, l'espace intérieur de la cabine se trouve en réalité dans un royaume très, très loin de sa dimension extérieure. Même chose quand Obi-Wan Kenobi dit à Luke que, lorsqu'il lui a raconté auparavant que « Dark Vador a trahi et assassiné ton père », ce n'était pas tant un mensonge qu'une interprétation spirituelle de la vérité. Changer de perspective est l'un des meilleurs moyens pour mettre l'imagination ou le cerveau analytique et pragmatique en surmultipliée. C'est pour cette raison que les entreprises embauchent des consultants extérieurs ou bien emmènent leurs personnels dans des séminaires au loin pour méditer sur les défis à relever. Et cette technique est tout aussi valable dans la vie courante. *Aujourd'hui, et si je prenais un autre chemin ?* Ça pourrait être l'occasion de voir quelque chose qui vous a échappé jusqu'alors. Et si cette chose ne vous écrase pas la tête, elle pourrait quand même vous retourner le cerveau.

« ON DOIT ÊTRE JEUDI. JE N'AI JAMAIS PU SUPPORTER LES JEUDIS. »

– ARTHUR DENT, *H2G2 : LE GUIDE DU VOYAGEUR GALACTIQUE*

"THIS MUST BE THURSDAY. I NEVER COULD GET THE HANG OF THURSDAYS."

POUR ARTHUR, le jeudi commence par la destruction de sa maison, se poursuit par la destruction de la planète Terre, et se conclut par une précipitation dans l'espace profond sans même une combinaison spatiale. Les jeudis de la plupart d'entre nous n'ont rien à voir... et pourtant il n'est pas difficile d'imaginer ce qu'Arthur est amené à traverser. De fait, chaque journée de la semaine apporte son lot de problèmes. Le lundi, bien sûr, est le premier jour de la semaine. Argh ! le mardi est presque pire, puisqu'il est pratiquement aussi éloigné du vendredi soir que le lundi, mais sans la satisfaction de pouvoir râler parce qu'on est lundi. Le mercredi est le jour où l'on se rend compte que les glorieuses choses qu'on comptait accomplir au cours de la semaine ne vont pas toutes se concrétiser. Le jeudi, nous en avons déjà parlé. Le vendredi est sans doute la pire journée parce qu'on a le sentiment que tout le monde s'éclate le vendredi soir, et que, si on ne s'éclate pas soi-même, c'est qu'il y a quelque chose qui cloche. Le samedi est un jour merveilleux, sauf si on a un tas de corvées qui nous attendent. Or c'est précisément le cas. Quant au dimanche, c'est en quelque sorte le mercredi du week-end, à la nuance près que le mercredi, la moitié de la semaine est faite, alors que, le dimanche, elle est tout entière devant nous. Non, voyons les choses en face : les Vogons pouvaient bien faire péter la Terre n'importe quel jour, Arthur était foutu dans tous les cas.

II.

FORMEZ... PIEDS ET JAMBES

FORM FEET AND LEGS

(LES RELATIONS ENTRE LES ÊTRES)

« VOUS, VOUS ME TENEZ ? ET VOUS, QUI VOUS TIENT ? »

– LOIS LANE, *SUPERMAN*

"YOU - YOU'VE GOT ME? WHO'S GOT YOU?"

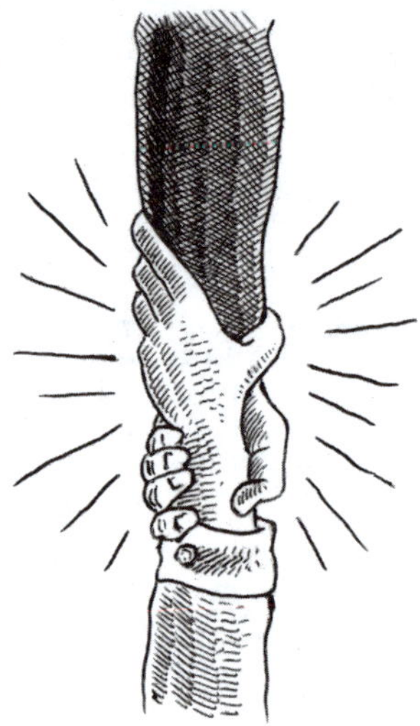

LES PERSONNES exceptionnelles réalisent leurs exploits sans filet, ni harnais de sécurité. Elles volent sans entraves et font des choses que non seulement nous ne pouvons pas faire, mais que nous ne pouvons même pas imaginer faire un jour. Et cela ne vaut pas uniquement pour ceux qui accomplissent des actes de bravoure. Prenons le cas d'un parent : une mère célibataire par exemple, ou un couple qui fait de son mieux pour s'en sortir. Chaque jour, ils rattrapent leurs enfants, les aident à se tenir debout, et leur évitent de se cogner trop fort par terre quand ils tombent du haut d'un obstacle haut comme un gratte-ciel pour les yeux d'un petit. À leur manière, les pères et les mères sont tous des « Superman » tranquilles qui tiennent leurs Lois Lane et leurs Jimmy Olsen. Et il en va de même pour tous ceux dont les efforts contribuent à soutenir quelqu'un d'autre. Et maintenant, creusons un peu la question de Lois. Si tous ces gens prennent soin d'elle, qui donc prend soin d'eux ? Au chapitre des héros dont nul ne chante les louanges, la réponse est bien trop souvent : « Personne. » Dans la vraie vie, ils n'ont pas un Superman à leur disposition. Mais qu'ils ne s'en efforcent pas moins de veiller sur leur progéniture leur confère le titre de superhéros à coup sûr.

Le film *Superman* (1978) marque l'arrivée dans la mystique Superman d'éléments tels que la planète froide et stérile Krypton (dans les *comics*, elle abritait une civilisation pittoresque et vivante) et l'homme d'affaires Lex Luthor (un scientifique dans la version papier).

« TU AS TOUCHÉ LE GROS LOT, TIGER ! »

– MARY JANE WATSON, *SPIDER-MAN*

"FACE IT, TIGER, YOU JUST HIT THE JACKPOT!"

PLUS QUE LA SIMPLE introduction d'une rouquine sexy et enjouée, et Dieu sait pourtant que cet aspect de la question est loin d'être négligeable, l'une des arrivées les plus fracassantes de toute l'histoire des *comics* a également été une véritable leçon du point de vue de la nature des attentes et des espoirs. Pendant des mois, la vieille tante de Peter Parker lui avait rebattu les oreilles au sujet de la nièce de son amie, Mary Jane Watson, mais le jeune homme s'était contenté de lever les yeux au ciel en évacuant négligemment d'un geste de la main les tentatives maladroites de la chère vieille dame pour jouer les entremetteuses. Pas un seul instant Peter n'avait pensé que Mary Jane puisse se révéler aussi WOW. La vie est ainsi faite : c'est toujours dans les endroits les plus inattendus qu'on trouve les plus belles perles. Toujours aussi marqué par la guigne, confus et embrouillé avec les membres du sexe opposé, et assailli en outre par des problèmes personnels apparemment insolubles, un garçon tel que Peter Parker ne s'attend pas vraiment à voir de bonnes choses lui arriver. Et n'en est-il pas de même pour chacun de nous ? L'expérience se charge vite de nous apprendre les dangers de l'optimisme béat. Et pourtant Mary Jane était bel et bien là. La célèbre case de BD la montrant dans l'embrasure de la porte, un sourire satisfait sur les lèvres, tandis que Peter chancelle, stupéfait de découvrir pareil canon, est devenue la parfaite illustration du concept des attentes pessimistes qui volent en éclats. Le choc d'une découverte si joyeusement vivante mérite effectivement d'être qualifié de « gros lot. »

L'une des batailles les plus amères de la décennie dans le monde du *comics* a été déclenchée le jour où Marvel Comics a décidé d'annihiler purement et simplement les vingt années de mariage de Peter et Mary Jane, par le biais d'un accord passé littéralement avec le diable (Mephisto) afin de sauver la vie de tante May.

« JE DEMANDE SI PEU. CRAINS-MOI, AIME-MOI, FAIS CE QUE JE DIS ET JE SERAI TON ESCLAVE. »

–JARETH, ROI DES GOBELINS, *LABYRINTHE*

"I ASK FOR SO LITTLE. JUST FEAR ME, LOVE ME, DO AS I SAY AND I WILL BE YOUR SLAVE."

« TU N'AS NUL POUVOIR SUR MOI. »

–SARAH, *LABYRINTHE*

"YOU HAVE NO POWER OVER ME."

ÊTRE UNE FILLE AU ROYAUME DES GEEKS n'a jamais été chose facile. Outre les difficultés classiques auxquelles tout geek est en butte au cours de son enfance – trouver sa place, apprendre à se connaître, découvrir que l'intelligence n'est pas une tare et que « l'excentricité » est dans l'œil de l'observateur –, les filles geek doivent également apprendre à traiter avec les garçons geek. À cet âge-là, ces charmants jeunes gens sont… disons… en voie d'achèvement. C'est peut-être pour cette raison que le séduisant et androgyne roi des gobelins incarné par David Bowie conquiert le cœur et l'imagination de tant de geekettes. C'est un mauvais garçon… et, en même temps, un baby-sitter assez doué. Il a un château au style inspiré par Escher et des doigts aux talents suggestifs. Et, bien sûr, il est assez vieux pour être le grand-père de Sarah, et parfois un peu inquiétant, mais, pour alimenter les fantasmes de jeunes adolescentes, on aurait pu trouver pire. Néanmoins, le plus important de tout, c'est probablement que Sarah découvre qu'il n'a aucun pouvoir sur elle autre que celui qu'elle a bien voulu lui donner. C'est fascinant de voir combien sont rares les héroïnes de *Fantasy* capables de s'affirmer et de rester célibataires dans le contexte d'une romance. Tournant le dos à la vogue épique hollywoodienne, *Labyrinthe* met en scène une jeune femme qui apprend à décider de ses actes, à persévérer dans un monde injuste, et à s'approprier son identité sexuelle. Elle n'est pas qu'une petite fille : elle est la petite fille qui a le pouvoir.

David Bowie a été un alien (*L'Homme qui venait d'ailleurs*, 1976), un roi gobelin (*Labyrinthe*, 1986), et un super scientifique humain (*Le Prestige*, 2006). Par ailleurs, ses fans le pressaient instamment de jouer le rôle d'Elrond dans *Le Seigneur des Anneaux*.

« ÉLÉMENTAIRE, MON CHER WATSON ! »

– SHERLOCK HOLMES, À DE MULTIPLES REPRISES

"ELEMENTARY, MY DEAR WATSON!"

VOILÀ LA DÉCLARATION qui, à coup sûr, met ce pauvre Watson sur des charbons ardents. Et ce n'est pas très juste. L'image de lourdaud inepte qu'a Watson auprès du grand public ne saurait être plus éloignée de la réalité du personnage narrant les histoires de sir Arthur Conan Doyle. En effet, il est un médecin à l'esprit vif et il fait montre par ailleurs d'infiniment plus de perspicacité dans les rapports humains que le génie à son côté. Mais le syndrome de l'acolyte peut se révéler fatal dans tous les cercles sociaux. Il suffit d'un ami suprêmement doué dans un domaine et parfaitement ignorant des usages de la vie en société, ou qui n'en a cure. Par exemple, cet ami peut être celui qui détaille en long, en large et en travers les vertus vinicoles du syrah, ou disserte sans fin sur la carrière cinématographique de Jonathan Demme, ou encore explique d'un ton docte et narquois le bon fonctionnement de l'iPod, au point de tuer à jamais tout intérêt que vous pouviez avoir pour le sujet. C'est peut-être difficile à admettre, mais les Watson du monde entier sont capables d'initiative et de résolution.

D'ailleurs, la culture populaire commence à reconnaître que Sherlock Holmes, en dépit de son brio, ignorait que la Terre tourne autour du soleil, ou que son ami lui a sauvé la peau en plus d'une occasion. Et si vous vous reconnaissez plus volontiers en Sherlock qu'en Watson, alors il est peut-être temps d'entamer quelques démarches de contrition auprès de vos relations.

Preuve supplémentaire de la puissance des médias de masse, il se trouve que la phrase ô combien célèbre citée ici est extraite du film de 1929, *Le Retour de Sherlock Holmes*, et qu'elle ne figure dans aucune des histoires écrites par sir Arthur Conan Doyle.

« OUI. OUI, JE L'AI FAIT. J'AI TUÉ YVETTE. JE LA DÉTESTAIS, T... TELLEMENT... C'ES... C'EST... LES F... FLAMMES... FLAMMES. LES FLAMMES, SUR LE CÔTÉ DE MON VISAGE. »

– MME BLANCHE, *CLUEDO*

"YES. YES, I DID IT. I KILLED YVETTE. I HATED HER, SO... MUCH... IT - IT - THE - F - IT - FLAME - FLAMES. FLAMES, ON THE SIDE OF MY FACE."

AINSI VA LA VIE : nous voulons tous être le majordome, mais nous sommes des Mme Blanche en puissance. Trahis par ceux en qui nous avions confiance, lâchés par d'autres de qui on n'aurait pas cru ça, traités avec condescendance par les hôtes et les invités, toujours sur le point d'éclater et, pour finir, convaincus que nos sentiments sont transparents et visibles par tous. Bien sûr, rares sont ceux qui cèdent à leur côté obscur de façon aussi meurtrière que Mme Blanche, mais il n'en demeure pas moins qu'il est vraiment tentant de dire aux autres ce qu'on pense vraiment d'eux. Cette pulsion irrépressible de passer à l'honnêteté la plus brutale peut avoir pour effet de ruiner les bonnes grâces sociales durement acquises au fil des ans. Le bon côté de l'affaire, c'est que de temps à autre cette pratique de la terre brûlée peut être exactement la carte voulue pour se sortir d'une mauvaise situation. Néanmoins, nous vous recommandons de limiter vos actions de rétorsion à quelques e-mails bien sentis. De nos jours, plus personne ou presque ne se laisserait tenter par une approche du type : « Pourquoi ne m'accompagneriez-vous pas dans ce manoir isolé sur la lande britannique, où nous aurons tout le loisir de nous retrouver seuls ? »

Le film *Cluedo* (1985) tout entier est un réservoir de répliques cultes. Gloire au réalisateur Jonathan Lynn.

« HÉÉÉÉ, LES MEEEECS ! »

– SINOK, THE GOONIES, REPRENANT L'ÉMISSION POUR ENFANTS *THE ELECTRIC COMPANY* *"HEYYY YOU GUUUUYYS!"*

LES GOONIES n'est pas le plus grand film d'aventure et de course au trésor de tous les temps (ça, c'est *Les Aventuriers de l'arche perdue*), ni celui du groupe d'amis en route pour vivre l'aventure d'une vie (ça, c'est *Stand by Me*), mais il peut sans doute prétendre au titre dans la catégorie : « On est une bande de cassos mais on se serre les coudes et rien ne nous séparera jamais. » Tout tient au personnage de Sinok. Il est énorme, hideux et peut-être un peu lent de la comprenette. Mais il déborde d'affectation autant qu'il a besoin d'être aimé, et il en a bien trop bavé dans l'existence à cause des autres. Du coup, lorsque Sinok braille fièrement son salut et se jette dans la mêlée aux côtés de ses nouveaux amis, ce n'est pas seulement un moment de cinéma inoubliable, c'est une véritable ode à l'acceptation de quelqu'un à qui il n'avait jamais été donné jusqu'alors de se sentir accepté. Parce que, quand on appartient à une bande telle que celle des *Goonies*, on ne peut pas pratiquer les mêmes rebuffades et stratégies d'évitement que celles qu'on a déjà subies, ce serait comme se planter un couteau dans le cœur.

The Electric Company (1971), à qui Sinok emprunte son salut, est l'une des émissions geek les plus éclectiques jamais diffusées sur le réseau de télévision public américain PBS, avec une version spécifique de *Spider-Man* et les premiers pas de Morgan Freeman dans sa carrière.

« CE BOULOT SERAIT GÉNIAL SI Y AVAIT PAS CES PUTAINS DE CLIENTS ! »

– RANDAL GRAVES, *CLERKS : LES EMPLOYÉS MODÈLES*

"THIS JOB WOULD BE GREAT IF IT WASN'T FOR THE F - ING CUSTOMERS."

DANS L'ENFANCE, tout bon geek se fait souvent taquiner au sujet de sa satanée intelligence. À titre de mécanisme de défense contre l'accusation de n'être pas comme les autres, nous en venons à adopter l'idée que le reste du monde tout entier est plus idiot que nous. Du coup, nous grandissons en regardant de haut tous ceux de nos semblables qui semblent trouver leur place dans la société sans la moindre difficulté. Et nous les déclarons banals et sans intérêt, tout en leur en voulant secrètement de s'entendre si bien les uns avec les autres. Oui, mais voilà : rien de tout cela n'est vrai. La plupart de ces non-geeks éprouvent eux aussi le sentiment de ne pas être à leur place. Simplement, ils font de leur mieux pour le cacher, et ne pas montrer à quel point ils ne sont pas sûrs d'eux. Alors, calmos, Randal. Si les clients de ta boutique ont l'air si stupides, c'est uniquement parce que tu as passé tellement de temps à te façonner une identité de gros malin. Prends un instant pour te remémorer les quatre choses les plus crétines que tu aies jamais faites, puis montre-toi un peu aimable avec la dame qui ne comprend pas ce qui est écrit sur la boîte.

Kevin Smith, scénariste et réalisateur de *Clerks : Les employés modèles*, est probablement le premier auteur à avoir conféré aux œuvres de science-fiction le statut de « saintes écritures » de la culture populaire, en faisant référence à *Star Wars* comme étant la « Sainte Trilogie » dans son film *Méprise multiple* (1997).

« SUPER JUMEAUX, POUVOIRS ACTIVÉS ! »

– ZAN ET JAYNA, *LES SUPER AMIS*

"WONDER TWIN POWERS, ACTIVATE!"

DANS CE DESSIN ANIMÉ VINTAGE, le principal message de cette fratrie dotée de superpouvoirs est limpide : nous sommes plus forts lorsque nous œuvrons ensemble. Néanmoins, le sous-texte des Super Jumeaux est plus complexe : l'un des deux aura la capacité de devenir l'animal le plus terrible qu'il choisira, tandis que l'autre se transformera *grosso modo* en un seau d'eau renversé. Une bien rude leçon. Chacun se plaît à penser que les choses s'équilibrent toujours au bout du compte ; si quelqu'un est plus doué dans un domaine, nous le surpassons dans un autre. C'est souvent le cas, mais parfois non. Et c'est là qu'il faut faire l'effort de bien comprendre que l'amitié – ou une forme de gémellité mystique – se fonde sur ce qu'on accomplit ensemble, plutôt que sur la prééminence de l'un des deux. En outre, il peut arriver que ce soit le seau d'eau qui réalise l'exploit du jour. Tout bien pesé, l'intérêt d'être un Super Jumeau n'est pas d'avoir un pouvoir, c'est de partager un secret avec son meilleur ami.

Les Super Amis est l'adaptation originale pour la télévision de la *Ligue des justiciers*, de DC Comics. Mais contrairement aux anciennes créations pour la télévision ou la radio parvenues à se frayer un chemin jusqu'aux pages des *comics*, telles que Jimmy Olsen et la Kryptonite, les Super Jumeaux n'ont jamais conquis leur place dans le panthéon imprimé de DC.

« LA PEUR MÈNE À LA COLÈRE. LA COLÈRE MÈNE À LA HAINE. LA HAINE MÈNE À LA SOUFFRANCE. »

– YODA, *LA MENACE FANTÔME*

"FEAR LEADS TO ANGER; ANGER LEADS TO HATE; HATE LEADS TO SUFFERING."

YODA paraphrase le premier grand geek afro-américain, George Washington Carver, qui disait voici plus d'un siècle : « La peur de quelque chose est la graine qui mène à la haine des autres, et la haine portée en soi finit par détruire celui qui la nourrit. » Carver, un scientifique qui a exercé son art à une époque où l'on tenait pour acquise l'infériorité intellectuelle des Noirs, en connaissait un rayon en matière de souffrance. Né esclave, kidnappé dans son enfance, menacé de lynchage tout au long de son existence, rejeté de presque toutes les écoles à cause de ses origines, Carver est tout de même parvenu à devenir l'un des chercheurs en botanique et agronomie les plus réputés des États-Unis. Tenu pour gay par la rumeur, Carver a passé sa vie à surmonter la peur des autres, jusqu'à devenir une véritable icône de l'histoire geek. Yoda est sans doute le gourou de fiction le plus volontiers cité, mais Carver est l'original de chair et de sang dont la vie se répercute sur toute notre culture.

Tout le monde sait que *La Menace fantôme* (1999) n'est pas un grand film. Mais la bande-annonce était une grande bande-annonce, et la présente citation y figurait. Est-ce qu'on ne pourrait pas faire comme si cette bande-annonce était celle d'un autre film ?

« FORMEZ… PIEDS ET JAMBES ! FORMEZ… BRAS ET CORPS ! JE FORMERAI LA TÊTE ! »

– *KEITH*, VOLTRON : LE DÉFENSEUR DE L'UNIVERS

"FORM FEET AND LEGS! FORM ARMS AND BODY! AND I'LL FORM THE HEAD!"

ÉTYMOLOGIQUEMENT, le verbe « organiser » signifie « disposer de façon à rendre apte à la vie. » Les membres d'une organisation se disposent donc à l'intérieur d'un système comme autant d'organes, puis combinent leurs efforts en vue de la réalisation d'un objectif spécifique. À l'instar d'autres séries de science-fiction japonaises du même tonneau (telles que les *Power Rangers*), *Voltron : Le Défenseur de l'univers* adopte ce concept au pied de la lettre pour mettre en scène les aventures de cinq partenaires d'une escadrille de guerriers de l'espace. Chacun d'eux pilote un véhicule de combat d'une couleur différente capable de se reconfigurer en bras, jambes et corps mécaniques. Ensuite, ces cinq engins se combinent pour former un *gestalt* robotique géant, paré pour la baston. C'est un postulat des plus cohérents pour une série en provenance d'une culture connue pour privilégier la collaboration au détriment de l'individualisme. À l'opposé, les États-Unis tendent à mythifier l'accomplissement individuel, que ce soit dans les arts, dans les affaires ou en politique. Mince ! même en sport, les équipes américaines se taillent des succès grâce à leurs individualités. Pour bon nombre d'enfants américains qui ne pratiquent aucun sport, Voltron était une métaphore puissamment concrète de l'incroyable pouvoir du travail d'équipe.

Anecdote geek : James Antaki, concepteur d'organes artificiels chirurgicaux de grand renom, est également l'inventeur d'un harmonica électrique, un instrument qui n'a rien à voir, mais qui peut peut-être tenter un organiste un peu curieux.

« PARFOIS, JE DOUTE DE VOTRE ENGAGEMENT DANS SPARKLE MOTION ! »

– KITTY, *DONNIE DARKO*

"SOMETIMES, I DOUBT YOUR COMMITMENT TO SPARKLE MOTION!"

CELA EN DIT LONG sur les pouvoirs des geeks que, dans un film traitant d'un adolescent au tempérament sombre qui voyage dans le temps à travers des univers parallèles en compagnie d'un monstrueux lapin de deux mètres vingt de haut, le dialogue le plus inoubliable de tous ait trait à la troupe de danse de sa petite sœur. C'est le même sens du dévouement des geeks qui a valu à ce film de passer du gouffre obscur de la sortie directe en DVD au statut de classique culte. Ils peuvent en être fiers. Bien sûr, la perfection de cette réplique tient à sa parfaite pertinence avec l'ère postmoderne : une satire de banlieue parfaitement à sa place, une sincérité mélodramatique des personnages, et la force comique de la troupe elle-même. Toutefois, l'autre aspect de la popularité persistante de la réplique « Sparkle Motion » tient à sa résilience parfaitement compatible avec les mèmes, qui se prête à toutes les utilisations hors contexte. Les geeks se sont proprement approprié le cri d'angoisse de Kitty pour en faire un raccourci facétieux dans le monde d'Internet signifiant une mise sur la sellette pour un manque d'investissement criant dans une activité notoirement frivole. Il s'agit d'un magnifique exemple illustrant le haut degré de conscience de la communauté geek postmoderne, qui lui permet de ne pas tout prendre au sérieux.

Bonus : « Sparkle Motion » est aussi le petit cadeau qu'on peut servir à quiconque manifeste l'envie de s'en prendre aux suceurs de sang à paillettes de la franchise *Twilight*.

« DIS-MOI, MINUS, EST-CE QUE TU PENSES À CE QUE JE PENSE ? »

– CORTEX, *MINUS ET CORTEX*

"PINKY, ARE YOU PONDERING WHAT I'M PONDERING?"

DANS LEUR MAJORITÉ, les geeks ont des amis non geek. Inévitablement, il arrive que ces derniers ne comprennent pas un traître mot des propos que nous tenons. Donc, la plupart d'entre nous avons pris le pli de détailler nos processus de réflexion à leur intention, de façon à traduire de manière parfaitement claire et en langage accessible jusqu'aux concepts les plus geek. Il s'agit là d'une variante de la notion de « double conscience » décrite par W.E.B. Du Bois (qui incidemment écrivait de la science-fiction, parallèlement à ses travaux d'activiste des droits civiques), en référence à la nécessité pour les Afro-Américains de naviguer en permanence entre deux univers. À bien des égards, c'est un impératif auquel doit se soumettre toute minorité désireuse d'être acceptée par la majorité, ou du moins d'avoir la paix. Cependant, traduire en simultané nos propres conversations peut devenir fatigant à la longue. Par moments, l'envie nous vient d'être enfin nous-mêmes et de souffler un peu, même en compagnie de nos amis non geek. À tort ou à raison, nous avons le sentiment que c'est toujours à nous de faire l'interprétation. C'est pour cette raison que nous sommes si nombreux à adorer ces instants où Cortex ne se soucie plus de donner le change et qu'il déblatère des théories et des plans si élaborés et subtils que personne ne pourrait suivre. Et nous adorons encore plus que Minus ne demande aucune explication. C'est bien agréable un ami avec lequel on peut couper la poire en deux.

L'acteur canadien Maurice LaMarche, qui prête sa voix à Cortex dans la version américaine, a également doublé le personnage de Kif Kroker dans *Futurama* et d'Egon Spengler dans *The Real Ghostbusters*. Les fans sont divisés sur la question de savoir lequel des deux entre Maurice LaMarche et Vincent D'Onofrio évoque le plus Orson Welles.

« MON NOM EST SAYID JARRAH, ET JE SUIS UN BOURREAU. »

– SAYID JARRAH, *LOST*, « UN DES AUTRES »

"MY NAME IS SAYID JARRAH, AND I AM A TORTURER."

DANS UNE SÉRIE parvenue à prospérer pendant six longues saisons labyrinthiques en poussant les spectateurs à s'interroger sur des notions aussi clairement établies que « nous » et les « autres », le personnage de Sayid Jarrah prend inévitablement une valeur d'emblème. L'Irakien. Le musulman. Le « bourreau » autoproclamé. En dépit du fait qu'une culture médiatique manichéenne fondée sur des bons et des méchants clairement typés aurait aisément pu nous conduire à craindre et détester un tel personnage, au fil des épisodes de la série, nous sommes amenés à faire également connaissance avec Sayid le technicien, Sayid le soldat, Sayid l'amant, et même Sayid le poète. Toutes ces facettes enrichissent le personnage et mettent en lumière la nature fluide et mouvante de l'identité. Au bout du compte, « nous » et les « autres » sont autant d'étiquettes arbitraires mais, par ses spécificités et sa complexité, le personnage de Sayid parvient à une forme d'universalité en dépeignant un homme mené par ses propres démons qui s'efforce de bien se comporter vis-à-vis de lui-même et des autres. Autrement dit, quelqu'un comme « nous ».

Les auteurs du présent ouvrage souhaitent mettre à profit ces quelques lignes pour inviter les lecteurs qui n'auraient pas encore regardé la série *Lost* à le faire… mais uniquement les deux premières saisons. Inutile de céder au sadisme et de s'infliger ce spectacle jusqu'à la fin. Vous le regretteriez. Vraiment.

« JE SUIS DÉSOLÉ, DAVE, JE CRAINS DE NE PAS POUVOIR FAIRE ÇA. »

– HAL 9000, *2001 : L'ODYSSÉE DE L'ESPACE*

"I'M SORRY, DAVE, I'M AFRAID I CAN'T DO THAT."

LA PANNE informatique la plus célèbre de l'histoire du cinéma est celle dans laquelle HAL, l'intelligence artificielle gérant le vaisseau spatial américain *Discovery*, devient fou et assassine la plupart des astronautes avant qu'ils ne puissent atteindre Jupiter. La suite révèle que l'épisode psychotique de HAL a été provoqué par un conflit insoluble entre des instructions contradictoires : « sa » fonction essentielle, qui consiste à analyser précisément toutes les informations pour l'équipage, et une directive gouvernementale top-secret lui imposant de dissimuler à l'équipage la véritable mission de *Discovery*. On peut avoir de la compassion pour HAL, conduit à ressentir le même effroi sinistre que celui que nous éprouvons lorsque quelqu'un nous met dans l'inconfortable situation de mentir pour lui. C'est le camarade de classe qui nous prend comme alibi pour couvrir ses errements, le conjoint qui invente au débotté un prétexte pour échapper à une visite dans la belle-famille, l'ami qui ne veut pas que vous disiez à sa femme qu'il la quitte, alors même que celle-ci est aussi votre amie. Que faire lorsque notre loyauté est en porte-à-faux avec ce qui nous paraît juste et légitime ? L'histoire de HAL ne répond pas à cette question, mais elle montre combien il est judicieux de fuir ces situations.

Dans le livre *2001 : L'Odyssée de l'espace*, le vaisseau *Discovery* se dirige vers Saturne en passant par Jupiter. Dans le film, il est simplement en route pour Jupiter. Pour la suite, *2010*, Arthur C. Clarke s'est aligné sur la version du film en reprenant Jupiter comme destination.

« J'AI PASSÉ LA NUIT À JOUER AU POKER AVEC DES CARTES DE TAROT. J'AI EU UN FULL ET QUATRE PERSONNES SONT MORTES. »

– STEVEN WRIGHT

"I STAYED UP ALL NIGHT PLAYING POKER WITH TAROT CARDS. I GOT A FULL HOUSE AND FOUR PEOPLE DIED."

LES COMÉDIENS de *stand-up* ne se contentent pas de se tenir sur une scène quelques soirs par semaine. Chaque jour que Dieu fait, ils se tiennent en marge de l'humanité. Même si on voit généralement les professionnels du rire comme une catégorie à part entière, au fond, ils ressemblent beaucoup à tous ceux qui vivent de leur plume, qu'ils soient romanciers ou journalistes. Ce sont des observateurs extérieurs, qui scrutent toutes les petites histoires du reste du monde et prennent des notes, le tout en préparant un renversement des choses conçu pour nous dévoiler une réalité sur nous-mêmes si parfaitement incontestable que nous sommes obligés d'en rire. Steven Wright est l'incarnation ultime de cette forme de détachement émotionnel. Pendant ses spectacles, tandis qu'il empile en marmonnant ses blagues percutantes au rythme d'une toutes les dix secondes, sa voix est distante, sourde, presque robotique. Mais quand il lâche sa chute, un missile lexical, on perçoit nettement comme une petite pointe de surprise, à croire que, d'une simple inflexion montante, il nous livre un plus vaste message : « Hé, ce n'est pas qu'un simple exercice théorique, je suis vraiment connecté au reste du monde ! » À une époque où les relations sociales sur Internet nous permettent de ramener nos interlocuteurs à de simples noms assortis d'une photo de la taille d'un timbre-poste, voilà une leçon qu'il est bon de ne pas oublier.

Les cartes du tarot sont la pièce maîtresse de la série de *science-fantasy* en bande dessinée *Promethea* (1999), signée Alan Moore, mettant en scène une superhéroïne tout droit venue du royaume de la plus pure imagination.

« DU SUCRE, DES ÉPICES ET DES TAS DE BONNES CHOSES, TELS ÉTAIENT AU DÉPART LES INGRÉDIENTS CHOISIS POUR CRÉER LES PETITES FILLES PARFAITES. MAIS, ACCIDENTELLEMENT, LE PROFESSEUR UTONIUM AJOUTA UN AUTRE INGRÉDIENT À CETTE MIXTURE : L'AGENT CHIMIQUE X. »

– SÉQUENCE D'OUVERTURE, *LES SUPER NANAS*

"SUGAR. SPICE. AND EVERYTHING NICE. THESE WERE THE INGREDIENTS CHOSEN TO CREATE THE PERFECT LITTLE GIRLS. BUT PROFESSOR UTONIUM ACCIDENTALLY ADDED AN EXTRA INGREDIENT TO THE CONCOCTION... CHEMICAL X."

LES FEMMES GEEK, les vraies femmes geeks – autrement dit, pas les canons de stands de foire ni les écolières aux grands yeux de dessins animés qui hantent l'imagination des geeks mâles hétérosexuels – ne sont pas faites de matériaux ordinaires. Considérons par exemple ce qu'il faut aujourd'hui pour résister au sexisme omniprésent dans la société américaine, dont la première manifestation est d'inviter les femmes à tout miser sur la seule apparence pour se mettre en valeur. Or, les femmes geek veulent être reconnues pour ce qu'elles ont dans la tête. Elles veulent être admirées pour leurs compétences de *gamers*, leurs lignes de code particulièrement convaincantes, leurs approches techniques imparables. Autrement dit, elles sont exactement comme les geeks mâles. Et c'est là que les choses deviennent bizarres, lorsqu'elles allument un jeu ou ouvrent un *comics*… et tombent sur des personnages féminins modèles 95C et taille de guêpe si serrée qu'aucun organe ne peut décemment fonctionner à l'intérieur. C'est exactement pour ça que les Super Nanas sont un plaisir si ironique et jouissif. Ces filles n'ont rien d'humain, elles n'ont pas les mêmes proportions que les autres personnages du dessin animé, et n'ont ni doigts ni orteils. Fondamentalement, c'est un biais correspondant à la manière dont les femmes adultes sont généralement présentées pour le plaisir de l'œil masculin. Et pourtant, les Super Nanas déchirent tout. Elles cognent les crétins et les monstres. Elles veillent les unes sur les autres. Et pour les quelques hommes qui les regardent comme de vraies personnes et apprécient leur personnalité, elles font du monde un meilleur endroit où vivre.

La série des *Super Nanas* a duré six ans (1998-2004), soit un laps de temps plus long que l'âge des personnages.

« JUSQU'À CE QU'UN HOMME ATTEIGNE L'ÂGE DE VINGT-CINQ ANS, IL CROIT RÉGULIÈREMENT QUE, SI LES CIRCONSTANCES LE DEMANDAIENT, IL POURRAIT ÊTRE LE PLUS GRAND VOYOU DU MONDE. »

– NEAL STEPHENSON, *SNOW CRASH*

"UNTIL A MAN IS TWENTY-FIVE, HE STILL THINKS, EVERY SO OFTEN, THAT UNDER THE RIGHT CIRCUMSTANCES HE COULD BE THE BAD-DEST MOTHERF - ER IN THE WORLD."

POUR LE GEEK MÂLE, s'éloigner du stéréotype du dur est un motif de fierté. Mais le geek mâle s'illusionne. En réalité, geeks et athlètes de campus ne sont pas si différents. Neal Stephenson met précisément le doigt sur la cause de ce phénomène. Cette idée selon laquelle, dans les circonstances voulues, nous pourrions tous être « L'Homme » est le ressort qui sous-tend les grands fantasmes masculins, du champion de base-ball Mickey Mantle à Batman, de Mohammed Ali à Casanova. Qu'ils soient nerd ou pas, les hommes ne rêvent que de subjuguer ceux qui les entourent. Et par « subjuguer », nous voulons dire « plonger dans un état d'adoration », et pour « ceux qui les entourent », il faut naturellement comprendre « les femmes ». Ce qui distingue les différents groupes d'homologues mâles, c'est la nature spécifique que peuvent revêtir ces chimères de prouesses. L'athlète rêve d'exploits sur la piste d'athlétisme, faute des dispositions physiques *ad hoc*, le geek va plus loin et rêve plus grand. Gagner le championnat ? Pfffff. On est là pour sauver l'univers ! Même si c'est notre propension à douter de nous-mêmes qui nous pousse à surcompenser dans le monde de l'imagination, une chose reste indiscutable : à certains moments, même si ça paraît excentrique, nous sommes déterminés à croire que peut-être – peut-être – nous pourrions devenir ce dur de dur que nous rêvons d'être.

La trilogie *The Baroque Cycle*, de Stephenson, est connue pour être son grand œuvre, mais *Snow Crash* (1992) a fait de lui une icône du cyberpunk.

« J'AI TOUJOURS ÉTÉ, ET NE CESSERAI JAMAIS D'ÊTRE VOTRE AMI. »

– SPOCK, STAR TREK II : LA COLÈRE DE KHAN

"I HAVE BEEN, AND ALWAYS SHALL BE, YOUR FRIEND."

LES DERNIÈRES PAROLES DE SPOCK, celles qu'il murmure après avoir sacrifié sa vie pour sauver celles de ses amis Kirk et McCoy, et de tout l'équipage, se sont imposées comme une citation volontiers utilisée par les geeks pour manifester un sentiment de camaraderie. Pourtant, une question rarement posée demeure : pourquoi ces types-là sont-ils autant amis ? Ce n'est pas lié à leurs expériences partagées à bord de l'*Enterprise* : après tout, chacun a des collègues pour lesquels il ne donnerait pas sa vie. Non, ce qui rassemble la trinité de *Star Trek*, tous hommes passionnés et d'une incontestable hauteur intellectuelle, c'est qu'ils ont canalisé leur dynamisme de façons différentes, chacun à sa manière. Le scientifique Spock est le héraut d'une approche rationnelle de la vie, McCoy, « juste un médecin de campagne », est le champion de l'approche empathique, et Kirk, leur capitaine, fait la synthèse, mêlant de manière optimale émotion et pensée critique pour traverser toutes les situations. Nous devrions tous avoir des amis suffisamment semblables à nous pour que nous puissions nous entendre avec eux, mais suffisamment différents pour nous contester, et qui respectent nos pensées et nos opinions, même quand ils nous disent que nous avons tort.

John Hodgman, correspondant du *Daily Show* et Monsieur PC dans une campagne de pub, a soumis cette réplique au président Obama pour tester ses connaissances geek lors du dîner des correspondants de presse accrédités à la Maison-Blanche de 2009.

« NE VOUS MÊLEZ PAS DES AFFAIRES DES MAGICIENS, CAR ILS SONT SUBTILS ET PROMPTS À LA COLÈRE. »

– GILDOR, *LE SEIGNEUR DES ANNEAUX*

"DO NOT MEDDLE IN THE AFFAIRS OF WIZARDS, FOR THEY ARE SUBTLE AND QUICK TO ANGER."

À PREMIÈRE VUE, cette mise en garde faite aux Hobbits du *Seigneur des Anneaux* a toutes les apparences d'une autre de ces manifestations de la vision tolkienienne des classes et structures sociales (particulièrement notable dans la servilité montrée par Sam à l'égard de Frodon). Gildor implique que ce qui est grand et sage ne saurait être compris par ce qui n'est qu'ordinaire, et que ce dernier serait bien avisé de ne pas se mêler des affaires du premier. Mais voyons cela de plus près. À la fin de l'histoire, Gildor et les Elfes ont quitté la Terre du Milieu, et les affaires auxquelles il était recommandé aux Hobbits de ne pas se mêler auraient sacrément tourné au vinaigre si, précisément, ils ne s'en étaient pas mêlés. La mise en garde n'est donc pas d'éviter de se mettre en travers du chemin de ceux qui nous sont supérieurs, et, en fait, cela n'a rien à voir du tout avec la notion de supériorité. C'est peut-être ce que Gildor signifie, mais assurément pas ce que Tolkien veut dire. Le sens de cette remarque est plutôt celui-ci : frayer avec ceux qui portent sur leurs épaules le poids des responsabilités revient à prendre pour soi une mesure de ces responsabilités. On se mêle des affaires des magiciens à ses risques et périls, à moins qu'on ne soit déjà lesté soi-même d'un fardeau comparable aux leurs.

Cette réplique a donné naissance à une célèbre parodie geek : « Ne vous mêlez pas des affaires des dragons, car vous êtes croustillants et délicieux avec du ketchup. »

« NON, MONSIEUR BOND, J'ESPÈRE QUE VOUS ALLEZ MOURIR ! »

– AURIC GOLDFINGER, *GOLDFINGER*

"NO, MR BOND. I EXPECT YOU TO DIE!"

AVEC CERTAINES PERSONNES, il n'y a absolument pas moyen de parler. Oh ! vous pouvez toujours essayer. Vous pouvez fourbir vos arguments, préparer vos preuves et vous pointer avec l'esprit aussi ouvert que possible. À un moment donné, vous serez bien obligé d'admettre que votre interlocuteur n'est absolument pas disposé à confronter ses points de vue. Pour James Bond, ce moment survient probablement lorsqu'il se retrouve attaché à une table en or massif par ce traître de Goldfinger, tandis qu'un rayon laser avance inexorablement vers ses parties que d'aucuns disent honteuses. Les probabilités sont faibles de se retrouver un jour dans une situation aussi précaire face à un ennemi aussi redoutable, mais tôt au tard au cours de l'existence on a toutes les chances d'être confronté à un adversaire qui ignore tout du fair-play, qui est impossible à raisonner, et qui plus que gagner veut surtout voir perdre son contradicteur. Si l'agent 007 fait montre d'une grande vivacité d'esprit pour retenir avec élégance la main de son bourreau, il est parfois préférable de reconnaître en un clin d'œil les « Goldfinger » qu'on peut croiser, avant de se trouver nez à nez avec un laser.

Le laser dans *Goldfinger* (1964) est une intelligente adaptation à l'ère atomique de la menace rencontrée dans la nouvelle à suspense d'Edgar Allan Poe, *Le Puits et le Pendule* (1842).

« COMME VOUS VOUDREZ. »

– WESTLEY, *PRINCESS BRIDE*

"AS YOU WISH."

« C'EST LA BELLE QUI A TUÉ LA BÊTE. »

– *CARL DENHAM,* KING KONG

"IT WAS BEAUTY KILLED THE BEAST."

POURQUOI LES FEMMES apprécient-elles tant *Princess Bride*? Voici une piste: parce que le héros, Westley, tient simultanément deux rôles: celui du fringant aventurier romantique et celui du fiancé sérieusement mordu (voire un chouïa soumis). Bouton-d'or le connaît tout d'abord comme son valet de ferme bien servile. À chacune des demandes qu'elle formule, il répond par: « Comme vous voudrez. » Étant entendu qu'aucune femme ne déteste avoir un laquais à son service, le fait d'en disposer d'un aussi complaisant et beau garçon ne peut que titiller l'imagination de Bouton-d'or. Mais Westley sait pertinemment qu'il doit d'abord conquérir son indépendance pour pouvoir se marier, au risque sans cela de ne jamais être pleinement respecté par celle qu'il aime. Donc, le voilà parti, pour ne revenir qu'une fois devenu un homme d'action de grand renom. Bouton-d'or peine à croire que cette incarnation du parfait macho plein de résolution et de sang-froid n'est autre que son garçon de ferme, jusqu'à ce qu'elle comprenne qu'il est toujours disposé à faire « comme elle voudra ». Ah ! l'ivresse d'avoir un être humain entièrement dévoué à son service. Voilà un présent enivrant et irrésistible à faire à quelqu'un d'autre. Et si la confiance et le respect mutuels sont de la partie, il ne peut donner lieu qu'à une complète réciprocité. Si tel n'est pas le cas, la relation est marquée du sceau d'un déséquilibre qui ne peut durer bien longtemps. Voyez Ann Darrow et ce pauvre King Kong. Mais Bouton-d'or et Westley connaissent cette relation de confiance mutuelle et, au bout du compte, c'est ça qui en fait un « véritable amour. »

III.

NOUS SOMMES TOUS DES INDIVIDUS

WE ARE ALL INDIVIDUALS

(L'HUMANITÉ)

« À GENOUX DEVANT ZOD ! »

– GÉNÉRAL ZOD, *SUPERMAN*

"KNEEL BEFORE ZOD!"

« LES CRIMINELS NE SONT QU'UNE BANDE DE LÂCHES SUPERSTITIEUX. »

– BATMAN, *DETECTIVE COMICS*

"CRIMINALS ARE A SUPERSTITIOUS, COWARDLY LOT."

REGARDONS les choses en face: les méchants ne nous laissent pas insensibles. On a tous déjà eu envie de tout envoyer promener et de dire au monde entier où il peut bien aller se faire voir. Les méchants sont ceux qui font tous les trucs cool: concevoir des plans machiavéliques, exhiber leurs super armes, et ordonner à leurs sbires d'aller mourir pour eux. Plus spécifiquement, les méchants de qualité sont déterminés à être les protagonistes d'une histoire qu'ils ont eux-mêmes conçue. Leurs actions motivent le héros, leur intelligence est le moteur de l'intrigue, et leurs déclarations retiennent l'attention du monde entier. Du moins, c'est ce qu'ils pensent. Car il y a une entourloupe: ce qui a tout l'air d'être un point fort n'en est pas un en définitive. Les méchants sont des êtres trop faibles pour maîtriser leurs interactions avec le monde, de sorte qu'ils n'ont rien de plus pressé que de refiler leurs problèmes aux autres. En fait, voler les autres ne demande aucun courage: pas besoin d'avoir des tripes pour mettre le souk dans la vie de son prochain. Rien n'est plus facile. Tous ceux qui mordent à l'hameçon, qui ne cherchent pas à accomplir quelque chose de difficile, comme apprendre à tisser leur propre fil dans le vaste canevas de la vie plutôt que de déchirer les morceaux qui ne leur plaisent pas, tous ceux-là prennent la voie de la lâcheté. Et vivent dans l'inquiétude. Ils voient un ennemi dans chaque ombre, car l'être humain est prédisposé à voir en l'autre ce qu'il est lui-même. Tout raciste ordinaire part du principe que les autres sont aussi étroits d'esprit que lui. Le délinquant en col blanc postule que tout le monde truande le système. Et le petit voyou des rues, sur le premier barreau de l'échelle de la malfaisance? Eh bien, il considère que tout le monde est susceptible de l'agresser, exactement comme lui-même est prêt à fondre sur n'importe qui. Si un jour vous avez commis quelque chose de répréhensible, péché véniel ou grand crime, vous avez eu un aperçu de comment vivent les «méchants» au quotidien. Et pourtant, pour s'élever un tant soit peu au-dessus du caniveau, il suffit à chacun, quelle que soit sa place dans la société, d'assumer ses responsabilités. Le courage consiste à vivre en s'efforçant d'être dans le bien quelles que soient les circonstances.

Batman exprime son mépris pour les criminels dans sa toute première histoire: *Detective Comics n° 27* (1939).

« LE SOLEIL VERT, C'EST DE LA CHAIR HUMAINE. »

– DÉTECTIVE THORN, *SOLEIL VERT*

"IT'S PEOPLE. SOYLENT GREEN IS MADE OUT OF PEOPLE."

LORSQUE LE DÉTECTIVE THORN, incarné par Charlton Heston, fait cette terrible déclaration à la fin du film *Soleil vert* (1973), les implications de ce qu'il a découvert apparaissent alors clairement. Dans un monde doublement frappé par une raréfaction croissante des ressources et une augmentation constante de sa population, les corps des personnes récemment décédées sont utilisés comme matière première pour produire l'aliment de synthèse servi aux citoyens. Cette réalité est un mal nécessaire pour que le monde continue sur sa trajectoire comme si de rien n'était, sans se soucier des conséquences de ses modes de consommation. Expression ultime de la dystopie paranoïaque, ce film est proprement terrifiant dans la mesure où ce qu'il dépeint n'est pas très éloigné des temps que nous vivons actuellement. Inutile pour autant de scruter avec méfiance les chips que vous vous apprêtiez à enfourner, au cas où elles se révéleraient être les restes de votre meilleur pote. Pour autant, cela vaut peut-être la peine de s'interroger : informés comme nous le sommes de l'exploitation d'enfants dans des ateliers ou de migrants soumis à d'épouvantables conditions, les niveaux de vie et de confort qui nous paraissent naturels ne sont-ils pas fondés sur une déshumanisation du système ? Tout ça, c'est de la « chair humaine. »

On pourrait considérer cette révélation du moment clé de *Soleil vert* comme un *spoiler*, mais il se trouve qu'elle a déjà été gravée de manière indélébile dans la conscience collective par une parodie hilarante de Phil Hartman dans le *Saturday Night Live*, à la fin des années quatre-vingts.

« LES IDÉES SONT À L'ÉPREUVE DES BALLES. »

– V, *V POUR VENDETTA*

"IDEAS ARE BULLETPROOF."

S'IL Y A UN DOMAINE dans lequel Alan Moore excelle, c'est bien la création de personnages anarchistes qui savent aller au cœur des choses. (Ensuite, ils meurent.) Dans *V pour Vendetta*, il faut tout à la fois une cause fondée sur des principes et une volonté de mourir pour parvenir à changer un régime totalitaire. On peut certes espérer que notre société n'a pas encore atteint un tel point mais, d'ores et déjà, on peut légitimement craindre que des menaces pèsent sur notre liberté d'opinion. Par exemple, Internet, l'outil qui se rapproche le plus d'un vecteur d'échanges d'informations véritablement libre, est soumis à tant de risques de censure, de la part des autorités aussi bien que des entreprises de télécommunications, que la pratique du contournement des pare-feux institutionnels est devenue une véritable industrie artisanale. Néanmoins, c'est la protection de la vie privée des personnes qui est vraiment exposée. Les blogueurs sont harcelés lorsqu'ils abordent des sujets polémiques ou mettent au jour des faits controversés, et Facebook, l'un des réseaux sociaux les plus répandus au monde, ne vaut guère mieux qu'un type en planque dans les buissons devant chez vous pour vous espionner. Les idées sont certes à l'épreuve des balles, mais leur résistance n'excède pas celle des protections données à ceux qui les mettent en pratique.

Cory Doctorow, l'un des *übergeeks* de notre génération, est parvenu à ce statut en entreprenant simultanément une carrière d'auteur de science-fiction et une autre de militant des droits d'Internet au sein de l'Electronic Frontier Foundation.

« IL Y A 10 CATÉGORIES DE PERSONNES DANS LE MONDE : CELLES QUI COMPRENNENT LE BINAIRE ET LES AUTRES. »

– TEE-SHIRT THINKGEEK

"THERE ARE 10 KINDS OF PEOPLE IN THE WORLD: THOSE WHO UNDERSTAND BINARY, AND THOSE WHO DON'T."

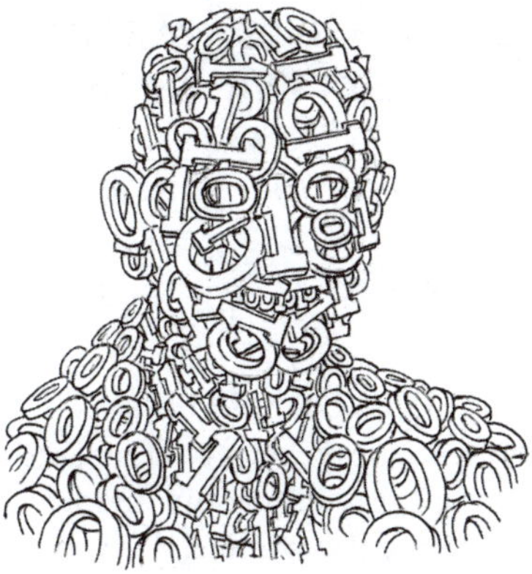

MÊME SI VOUS n'aviez jamais entendu parler des chiffres allant de 2 à 9, vous pourriez toujours compter de 0 à 10. Il vous suffirait de les écrire différemment : 0, 1, 10, 11, 100, 101, 110, 111, 1 000, etc. C'est ainsi que procède un ordinateur dans son inflexible système de notation binaire : 1-0/on-off/oui-non. Et c'est pour cette raison que les nerds en informatique trouvent ce tee-shirt hilarant, le « 10 » signifiant « deux. » Il est bien rare qu'une épigraphe engage un dialogue aussi nourri avec son propre sous-texte. Premièrement, l'explicite et l'implicite se renforcent mutuellement de manière incroyable. Il n'y a que deux catégories de personnes au monde : nous, qui percevons correctement la stricte forme d'opposition binaire, noir et blanc, et eux, qui ne la perçoivent pas. On peut presque entendre le dogme se congratuler d'un *high five* satisfait. Mais ce n'est pas tout, car l'esprit tapi un peu plus profondément sous la couche émotionnelle nous joue une autre partition : il existe d'autres manières de voir le monde, qui toutes nous révèlent des possibilités cachées. De fait, s'il existe une forme alternative de sens commun applicable à quelque chose d'aussi fondamental dans l'existence que les nombres, alors il n'y a qu'un pas à faire pour se dire qu'il peut y en avoir une autre, puis une autre, et une autre encore. Mince, cette théorie tient même la route si on l'applique à l'informatique. Demandez un peu aux milliers – pardon, aux 3E8s – de personnes qui se moquent du binaire et pensent en hexadécimal.

Le site www.thinkgeek.com vend ce tee-shirt. Que tous les dieux bénissent ThinkGeek. Qui d'autre nous propose une peluche lapin tueur tout droit venue des *Monty Python*, de la viande de licorne en conserve, et un Tardis qui fait hub USB, et tout ça dans une seule et même boutique en ligne ?

« M. ET MME DURSLEY, HABITANT AU 4, PRIVET DRIVE, ÉTAIENT FIERS DE DIRE QU'ILS ÉTAIENT PARFAITEMENT NORMAUX, MERCI BEAUCOUP. »

–J.K. ROWLING, *HARRY POTTER À L'ÉCOLE DES SORCIERS*

"MR. AND MRS. DURSLEY, OF NUMBER FOUR PRIVET DRIVE, WERE PROUD TO SAY THAT THEY WERE PERFECTLY NORMAL, THANK YOU VERY MUCH."

AHHH… LA BONNE VIEILLE « NORMALITÉ. » Voilà bien une idée qui s'accroche avec une ténacité confondante, et dont l'implication serait qu'il existe une norme humaine fondamentale et universelle censée définir la manière dont nous devrions vivre. Or une seule seconde de réflexion sur ce qu'est la vie sur Terre suffit à établir qu'il n'en est rien. Néanmoins, on relève que M. et Mme Dursley tirent une fierté manifeste du fait d'être normaux, de ne pas se faire remarquer, de ne rien avoir de spécial. Oh, là, là ! Les geeks savent combien les efforts menés pour tenter « d'agir normalement » peuvent être un véritable enfer. Ce n'est pas que nous voulons être différents dans le seul but de nous différencier : ça, c'est aussi néfaste que la « normalité militante », voire pire. Simplement, au bout du compte, le bonheur consiste à s'accepter tel qu'on est, même si cela implique de finir en excentrique aux cheveux bleus, tatoué, costumé et rouleur de dés à vingt faces. Et puis la normalité est un fantasme bien plus ridicule qu'une école secrète de sorciers. Personne n'est normal. Et ceux qui affirment le contraire sont des détraqués.

Harry Potter à l'école des sorciers est paru en 1997. Rapidement devenus le phénomène éditorial du siècle, les sept romans de la série ont aidé des millions d'enfants du monde entier à ne pas trop s'inquiéter au sujet de la « normalité. »

« LE GÂTEAU EST UN MENSONGE. »

– *PORTAL*

"THE CAKE IS A LIE."

GLaDOS, L'INTELLIGENCE ARTIFICIELLE qui tient le rôle de premier antagoniste dans le jeu unanimement salué développé par Valve Corporation possède un trait de caractère aussi rare qu'inattendu pour une machine. Elle ment. Lorsqu'elle annonce : « Il y a aura du gâteau », en fait, elle signifie que la mort sera au rendez-vous. Mais bon, est-ce que le gâteau ne fait pas plus envie ? Cette hypothétique portion d'une pâtisserie qui n'existe pas est la métaphore utilisée par *Portal* pour symboliser les mensonges qu'on nous sert dans n'importe quel système fourbe et oppressif. Le gâteau est la promesse d'une protection contre l'ennemi à laquelle recourt un gouvernement aux politiques intrusives. C'est un « je t'aime, je te promets que ça ne se reproduira plus » servi à un conjoint trompé. C'est une publicité pour une nouveauté incroyable dont l'achat rendra demain bien plus heureux qu'aujourd'hui. Chacun d'entre nous s'est déjà vu offrir du gâteau. Et certains, la millième fois où leur main se tendait vers la douceur promise, ont vu ce qu'il y avait vraiment sur l'assiette et tenté d'en avertir les autres. Le problème, c'est d'obtenir qu'ils écoutent. Car, au fond, qui n'aime pas le gâteau ?

Portal (2007) est le premier classique de science-fiction du monde du jeu vidéo. Si vous y avez déjà joué, vous le savez. Et si vous n'y avez pas joué, courez-y vite.

« L'ÉPICE DOIT COULER À FLOTS. »

– DUNE

"THE SPICE MUST FLOW."

LES SYSTÈMES ÉCONOMIQUES sont plus vastes et puissants que les individus. C'est pour cette raison que la précieuse épice hallucinogène, qui est véritablement le sang de la société galactique imaginée par Frank Herbert dans son roman *Dune*, doit absolument circuler sans entraves. Et c'est pour ça également que, lorsque Paul Atréides, le jeune noble vu comme le sauveur annoncé, affirme son autorité messianique sur les foules misérables et jusqu'alors impuissantes qui vivent au milieu des mines d'épice d'Arrakis, il provoque le grippage du commerce, puis son blocage sur un millier de planètes, et met alors l'empire tout entier à sa botte. Tout comme l'épice est le pendant à peine voilé du pétrole, de l'or, ou de toute autre matière indispensable au bon fonctionnement du progrès sur Terre, son caractère vital met en évidence combien il est dangereux de lier une telle matière première au maintien d'un *statu quo* donné, qu'il s'agisse de l'essence bon marché pour nos voitures ou des vêtements à bas prix dans les grandes chaînes de magasins d'habillement. « Celui qui contrôle l'épice contrôle l'univers », déclare l'infâme baron Harkonnen, et c'est une leçon que Paul n'oublie pas, jusqu'à finalement faire s'écrouler une structure monolithique gangrenée jusqu'au cœur par la corruption sur la tête de ceux dont l'unique tâche était de la faire durer. Les systèmes économiques sont plus vastes et puissants que les individus… sauf quand ils ne le sont pas.

La saga de *Dune* devient extrêmement amusante si on imagine que l'épice est en fait du café.

« LES FAITS NE CESSENT PAS D'EXISTER PARCE QU'ON LES IGNORE. »

– ALDOUS HUXLEY

"FACTS DO NOT CEASE TO EXIST BECAUSE THEY ARE IGNORED."

LES ÊTRES HUMAINS sont doués pour ignorer la réalité. Nous avons connu des époques de renouveau et de pratique de la raison, mais même au meilleur de notre forme rationnelle nous demeurons une espèce illogique et superstitieuse. On ne se refait pas facilement. Bien trop souvent, on vante des idéaux depuis longtemps dépassés, ou bien on s'accroche à des manières de faire dont on sait depuis longtemps qu'elles sont vaines, voire préjudiciables. Même face à une abondance de preuves montrant que nos meilleures intentions peuvent produire plus de mal que de bien. Exemple parfait : la prohibition aux États-Unis. On soutient à toute force le contraire et on répète les mêmes erreurs. Peut-être s'agit-il d'une incapacité collective à reconnaître nos erreurs, peut-être faisons-nous preuve de l'orgueil entêté du Monsieur Je-Sais-Tout, mais en version majuscule ? En dépit de ce que l'on peut croire et proclamer, peut-être sommes-nous une espèce plus émotionnelle que rationnelle ? Une chose est sûre cependant : les faits sont nos amis. Plus nous persistons à les ignorer lorsqu'ils ne nous conviennent pas, et plus nous érodons notre potentiel à devenir vraiment grands.

Le roman *Le Meilleur des mondes* (1932), d'Aldous Huxley, est un classique de la science-fiction des débuts, et toujours une lecture recommandée aux lycéens. Le truisme geek cité ici est extrait de son essai *Proper Studies* (1927).

« LE MONDE N'EST DIVISÉ QU'EN DEUX TRIBUS : CEUX QUI SONT DES ENFOIRÉS ET CEUX QUI N'EN SONT PAS. »

– SHERMAN ALEXIE, *LE PREMIER QUI PLEURE A PERDU*

"THE WORLD IS ONLY BROKEN INTO TWO TRIBES: THE PEOPLE WHO ARE ASSHOLES AND THE PEOPLE WHO ARE NOT."

D'UNE CERTAINE MANIÈRE, les geeks sont de véritables aimants à enfoirés. Chez ceux qui explorent avec cœur et sincérité les territoires hors des sentiers battus, il y a un petit quelque chose qui fait immanquablement sortir du bois les crétins en mal de têtes de Turc à martyriser. Bien souvent, ces mêmes enfoirés sont eux-mêmes fans de quelque chose, mais ils ne parviennent tout simplement pas à comprendre que l'équipe favorite de l'un pourrait être considérée comme le JDR en ligne d'un autre. Fort heureusement, Internet offre aux geeks une communauté qui les aide à lutter contre leur tendance naturelle à la solitude. Cela ne signifie pas pour autant que les geeks sont immunisés contre le risque d'être eux aussi des enfoirés. Prenons le cas du racisme. Bon nombre d'éditeurs ne se comportent-ils pas comme des enfoirés quand ils persistent à sortir des ouvrages mettant en scène des personnages noirs assortis d'une couverture montrant des personnages blancs, au motif que « c'est plus vendeur » ? C'est cela, oui, et les bus étaient mieux organisés quand les Afro-Américains devaient s'asseoir à l'arrière. Espérons qu'on accélère un peu notre aptitude à traiter ces questions, car il nous incombe à tous d'œuvrer à une meilleure compréhension mutuelle. On a déjà assez de problèmes avec les enfoirés extérieurs pour devoir en plus gérer les nôtres.

Cette question du « blanchissage » des couvertures a éclaté en 2009, lorsque l'auteur Justine Larbalestier a découvert que le personnage de jeune fille garçon manqué afro-américaine de son roman *Menteuse* avait été remplacé par une jeune fille blanche sur la couverture de l'édition américaine…

« IL EXISTE D'AUTRES ARMES, DE SIMPLES MOYENS D'EXPLOITATION. EN L'OCCURRENCE, IL SUFFIT DE CONNAÎTRE LA FAILLE QUI EXISTE EN L'HOMME ET DE L'EXPLOITER. »

– ROD SERLING, *LA QUATRIÈME DIMENSION*,
« LES MONSTRES DE MAPLE STREET »

"THERE ARE WEAPONS THAT ARE SIMPLY THOUGHTS. FOR THE RECORD, PREJUDICES CAN KILL AND SUSPICION CAN DESTROY."

CE CLASSIQUE de la série *La Quatrième Dimension* met en scène une invasion extraterrestre qui utilise la peur des êtres humains et leur méfiance les uns envers les autres – faciles à susciter et plus encore à enflammer – pour retourner une petite ville ordinaire et tranquille contre elle-même et la conduire à faire le travail des envahisseurs. Comme si souvent dans ses séquences de fin, Rod Serling s'appuie sur cette épigraphe pour exprimer la frustration de la condition humaine, une réalité ô combien regrettable. La vérité essentielle au cœur de cette sombre fable reste tout aussi valable quels que soient les « autres » que l'on montre du doigt. En tout cas, elle a duré suffisamment longtemps pour que les Américains d'origine japonaise finissent parqués dans des camps de crainte qu'ils ne soient des ennemis, et que d'innombrables citoyens respectueux de la loi perdent leurs moyens de subsistance après avoir été étiquetés comme « communistes » pendant la Peur rouge. La sagesse qui émane de la pensée de Serling explique clairement ce qui a valu au « Monstres de Maple Street » d'être sacré meilleur épisode de la série par le magazine *Time*. À l'instar de toute grande œuvre de science-fiction, il se montre suprêmement efficace en demandant au public : « Et vous, qu'auriez-vous fait ? »

Certains des plus grands auteurs de science-fiction du XXe siècle ont écrit pour *La Quatrième Dimension* : Ray Bradbury, Richard Matheson, Jerome Bixby. « Les Monstres de Maple Street » a été écrit par Serling, le créateur de la série.

« LA VIE EST VACHE. ET JE SUIS TRÈS PEAU DE VACHE. »

– CATWOMAN, *BATMAN : LE DÉFI*

"LIFE'S A BITCH. NOW SO AM I."

DANS LA CATÉGORIE pour le moins testostéronée des films portant à l'écran des personnages de *comics*, on a rarement entendu une réplique aussi féministe. Lorsque Selina Kyle la prononce, elle vient juste de contrecarrer la tentative de meurtre de son patron sur elle-même, de détruire méticuleusement tous les attributs féminins de sa bonbonnière, et de se fabriquer dans la violence une nouvelle personnalité pour le moins effrayante. Pourtant, cette nouvelle identité s'accompagne d'une tenue de cuir ultra-moulante assortie d'un visage outrageusement maquillé, autant d'éléments qui clament moins « féministe proclamée et assumée » que « dominatrice propre à hanter les rêves de millions d'adolescents ». Qui plus est, Catwoman n'est pas vraiment peau de vache. Certes, elle s'en prend à ses ennemis, mais elle ne commet rien d'aussi méchant que les cascades du Pingouin. Cette construction d'un personnage social à deux visages – une femme en colère en peau de vache vengeresse, et une femme en colère en objet sexuel secrètement voluptueuse – est tout à la fois commune et quelque peu hermétique. Cependant, dans le cas présent, Tim Burton concilie deux objectifs : il rend hommage à la tradition cinématographique des femmes fatales sexy, tout en veillant à bien nous montrer la personnalité torturée derrière le masque. Il ne nous reste plus qu'à espérer que la perception du public en général connaisse une évolution comparable et que, lorsqu'on regarde une femme, en colère ou non, sexy ou non, on voie une personne plutôt qu'un stéréotype.

À chaque adaptation pour le cinéma ou la télévision, c'est une actrice différente qui a incarné Catwoman. Michelle Pfeiffer se distingue autant d'Eartha Kitt que Halle Berry de Julie Newmar. Pour autant, le personnage demeure.

« MERCI, MARIO ! MAIS NOTRE PRINCESSE EST DANS UN AUTRE CHÂTEAU ! »

—SUPER MARIO BROS.

"THANK YOU, MARIO! BUT OUR PRINCESS IS IN ANOTHER CASTLE!"

SI MARIO, le plombier galbé comme une pinte, a une qualité, c'est bien la ténacité. Encore et encore, sans jamais s'arrêter, il trottine à travers d'étranges contrées, peuplées de créatures qui lui courent après, et systématiquement, lorsqu'il atteint son objectif, le sol se dérobe sous ses pieds. Mario pourrait tout aussi bien être n'importe quel col-bleu en train de marner avec ardeur pour finir sa semaine. Pour lui, le week-end n'est pas la fin, mais juste une petite pause avant de repartir pour le château suivant, sur les traces d'une princesse qu'il ne sauvera jamais parce que le jeu est conçu de façon à toujours la maintenir hors de portée. Malgré tout, Mario n'a pas l'air de s'en faire. Il n'a même pas l'air de s'en rendre compte. Et c'est la même chose pour tous les Mario de la vie réelle. Ils courent après leur princesse, de tuyaux en chausse-trappes, et de pièges en créatures, uniquement pour finir par se rendre compte qu'elle est dans le château suivant. Rien ne peut briser ce cycle infernal. Une question nous brûle les lèvres : Mario est-il désespérément sourd et aveugle aux circonstances qui l'entourent, ou bien est-il l'incarnation admirable de la persévérance de la classe ouvrière ? Et y a-t-il d'ailleurs une différence entre les deux ?

Mario est d'abord apparu comme le héros du jeu *Donkey Kong* en 1981, sous le nom de « Jumpman » (parce qu'il saute, bien sûr). C'est l'année suivante qu'il a pris son nom, dans *Donkey Kong Junior*, le seul jeu dans lequel il apparaît sous les traits du méchant.

« ÉCOUTEZ-LES. LES ENFANTS DE LA NUIT. QUELLE MUSIQUE ILS FONT. »

– COMTE DRACULA, *DRACULA* (1931)

"LISTEN TO THEM. CHILDREN OF THE NIGHT. WHAT MUSIC THEY MAKE."

CET APPEL MÉLANCOLIQUE de Dracula est depuis longtemps devenu le cri de ralliement des gothiques du monde entier. Il y a quelque chose dans la manière pleine de révérence dont le vampire évoque les loups devant sa porte qui va droit au cœur de tout geek familier de la nuit. Au sein de l'univers geek, les gothiques constituent souvent une caste à part entière, à mi-chemin entre les fans d'horreur et les nerds spécialistes du théâtre. Très orientés sur le plan esthétique, ils semblent nourrir un appétit sans bornes pour les contes de fées mâtinés de ténèbres et autres subtiles histoires d'horreur. Par ailleurs, ils ont l'honneur d'être au nombre des plus grands incompris de toute la galaxie geek, notamment par ceux qui ne semblent pas en mesure de saisir la différence entre un gothique qui joue un rôle et un véritable vampire. (Partons du principe qu'il faut de tout pour faire un monde.) Néanmoins, dans leur majorité, les gothiques savent ne pas y attacher d'importance et s'épanouir au sein d'une communauté authentique et active, où ils peuvent partager leurs passions en toute sincérité. Bonus : la scène musicale gothique est plutôt géniale, de sorte que même un geek lambda peut prendre plaisir à les fréquenter.

Bien des amateurs de la scène *steampunk* actuelle, qui se reconnaissaient auparavant dans l'esthétique gothique, découvrent avec plaisir que les adultes standard sont plus intrigués que réellement alarmés par cette nouveauté. Mouais. En fait, ces mêmes adultes voient les gothiques comme autant de barjots un peu trop portés sur les vampires et flippent d'imaginer, par exemple, qu'un gothique un peu trop barré pourrait vouloir les faire saigner. Mais alors, que sont les *steampunks* à leurs yeux ? Des cinglés fanatiques des montres de gousset ? Et de quoi sont-ils capables ? De donner l'heure sur un ton véhément ?

« LA VÉRITÉ EST AILLEURS. »

– FOX MULDER, X-FILES : AUX FRONTIÈRES DU RÉEL

"THE TRUTH IS OUT THERE."

LES ENQUÊTEURS PROFESSIONNELS : détectives, journalistes, agents des services secrets, revêtent une importance considérable à nos yeux, tant dans la réalité que dans notre système de croyances. Car nous savons bien qu'il faut pouvoir compter sur quelqu'un pour révéler les petits secrets que le monde entier veut nous dissimuler. Au fil des années, différents types d'enquêteurs ont connu tour à tour leur heure de gloire ou de disgrâce. Par exemple, ces temps-ci, le reporter n'a plus la cote, du fait qu'un grand nombre d'entre eux œuvrant à la télévision a contribué à faire baisser leur niveau de professionnalisme jusqu'à la fange. Pour autant, les vérités cachées n'ont jamais disparu et il y aura toujours des gens déterminés à les exposer au grand jour. En fait, il faut juste trouver la réponse à la vraie question : une fois les faits révélés, lequel de ces enquêteurs peut nous aider à faire le tri pour y voir plus clair ? Chacun d'entre nous a ses propres priorités et il n'existe aucun guide pour s'y retrouver. Bien plus que d'obscurs complots menés par les « hommes en noir » des thèses conspirationnistes, c'est cette réalité qui rend l'écheveau de la vérité si difficile à démêler.

Mulder est cool, mais notre journaliste télé préféré reste Jack McGee, de la série *L'Incroyable Hulk*. Au début, il veut juste obtenir un scoop pour en tirer un article sensationnel. À la fin, il est si impliqué qu'il veut faire éclater la vérité, même si « l'ailleurs » où elle se trouve est vraiment très, très loin.

« JE NE SUIS PAS ANTISOCIAL, JE SUIS JUSTE PAS CONVIVIAL. »

– TEE-SHIRT

"I'M NOT ANTI-SOCIAL, I'M JUST NOT USER-FRIENDLY."

IL Y A DES GENS qui craignent, point barre. Dans leur majorité, les geeks passent suffisamment de temps aux frontières de la marge pour être en mesure d'identifier les foules à problèmes lorsqu'ils en croisent. Parallèlement, ces mêmes geeks ont appris à se divertir. Lorsqu'on combine ces deux éléments, on peut obtenir la scène suivante : des personnes ayant vécu une expérience commune s'amusent ensemble et, à côté, un geek observe leurs agitations frénétiques sourcils froncés, tout en tweetant furieusement. Chers non-geeks : si vous apercevez un geek portant ce tee-shirt en public, sachez qu'il a souffert au fond de la mine du monde de l'informatique, à expliquer pendant des journées entières à des utilisateurs complètement paumés comment faire un double-clic. Donc, laissez-le tranquille. Et pour être parfaitement équitable, un autre petit message. Chers geeks : nous savons les épreuves que vous avez traversées mais, si vous regardez attentivement, vous trouverez toujours dans la foule quelqu'un avec qui vous aurez quelque chose en commun. (Indice : + 1 pour tous ceux qui ne dansent pas la macarena.) Inutile de vous aliéner au-delà de ce qui est nécessaire.

Il n'y a que dans le monde de l'informatique qu'on peut parler de « convivialité pour l'utilisateur » sans paraître abscons ou discourtois.

« J'AI ADORÉ. C'ÉTAIT BIEN MIEUX QUE *CATS*. JE VAIS RETOURNER LE VOIR ENCORE ET ENCORE. »

– AMATEURS DE THÉÂTRE HYPNOTISÉS, *SATURDAY NIGHT LIVE*

"I LOVED IT. IT WAS MUCH BETTER THAN CATS. I'M GOING TO SEE IT AGAIN AND AGAIN."

AUX YEUX de ceux dont les goûts ne sont pas ceux du grand public – et si vous lisez ce livre, vous appartenez très probablement à cette catégorie –, l'immense majorité des gens qui font une consommation régulière de l'offre culturelle proposée par les médias de masse aux États-Unis ont toutes les apparences d'un troupeau sous hypnose. Il faut entendre le ronron qu'ils font en radotant sans fin sur le plaisir que leur procure l'insondable et prévisible vacuité qu'on appelle « divertissement » en ce XXIe siècle. Tandis que nous appelons de nos vœux quelque chose de mieux, de plus intelligent, quelque chose qui mette en branle les muscles de notre âme et de notre cerveau, nos voisins vont répétant à l'envi ce que d'autres leur ont dit. *Les Anges marseillais chez les Ch'tis du loft de Las Vegas ?* Ils ont adoré. C'était encore mieux que le top de la *hype* du mois précédent. D'ailleurs, ils vont le regarder encore et encore. Et ils vont vraiment le faire, parce que le principe sous-jacent de la culture de masse est de tordre le nez devant tout ce qui n'est pas en phase avec la plus exemplaire conformité. Or, ce qui distingue depuis toujours le geek du reste du troupeau, c'est qu'il se moque de la conformité. Croyez bien que nous n'avons pas aimé. Nous n'allons pas le revoir encore et encore. Et les choses sont bien ainsi.

En dépit de la longévité et du succès de cette réplique, tout le monde ne se souvient pas qu'elle fait référence à un spectacle de l'hypnotiseur The Amazing Alexander, brocardé par Jon Lovitz (1986). Selon nous, ce fait n'est pas dénué d'ironie

« I CAN HAS CHEEZBURGER ? »

– LOLCAT, INTERNET

PRENEZ DEUX NOUVELLES qui font la une. La première concerne un crime horrible, disons un double meurtre. Ajoutons-y un incendie volontaire pour faire bonne mesure. La seconde a trait à une vidéo postée sur YouTube dans laquelle un adolescent irréfléchi frappe un adorable chaton. Deux victimes décédées et une maison incendiée plus tard, on relèvera dix, vingt, cent fois plus d'indignation au sujet du chaton martyrisé. La réalité est celle-ci : nous savons que nous sommes de grands singes vraiment intelligents mais souvent très cruels, et nous sommes fascinés par ce que nous percevons comme de l'innocence chez nos chats et nos chiens. On pourrait parler de « haine de soi », mais il y a plus. Il s'agit d'une manifestation de notre sens de la justice. Il y a des victimes humaines ? C'est triste, mais, après tout, les gens craignent vraiment. Les victimes sont des chatons ? Quelle horreur ! Vite, sortez les fourches ! Le jour où un chat amateur de cheeseburger a donné lieu à une explosion de photos sur Internet de chats à la grammaire approximative, la culture geek a fait plus que rire un bon coup. Elle a placé un bras protecteur autour de l'incarnation même de cette innocence qui fait tant défaut à l'espèce humaine.

Si le site www.icanhascheezburger.com s'est imposé comme un *hit*, n'oublions pas que tout a commencé en 2007 sur www.somethingawful.com.

« *IDENTIQUES* ET *ÉGAUX* NE SONT PAS DU TOUT LES MÊMES MOTS. »

– MEG MURRY, *UN RACCOURCI DANS LE TEMPS*

"LIKE AND EQUAL ARE NOT THE SAME THING AT ALL."

SUR LA LOINTAINE planète Camazotz, des extraterrestres d'apparence humaine sont dirigés par un dictateur autoritaire : un cerveau géant qui palpite et contrôle mentalement leurs actions. Venue de la Terre, la jeune Meg Murry découvre cet horrible état de faits lorsqu'elle aperçoit tous les enfants d'une banlieue camazotzienne sortir simultanément de chez eux et commencer à l'unisson à faire rebondir une balle. Une forme de « jeu » qui donne plutôt le sentiment que les enfants ne sont rien d'autre que des pistons de chair et de sang en action dans quelque machine gigantesque. Par la grâce de cette seule image terrifiante, Madeleine L'Engle donne une vision limpide de ce qui distingue le fascisme de la démocratie progressiste, une nuance que la rhétorique des commentateurs politiques d'aujourd'hui vise parfois, hélas, à embrouiller. La notion selon laquelle « tous les hommes naissent égaux », qui est un fondement des droits civiques aux États-Unis, ne signifie pas que nos vies doivent toutes suivre le même chemin. En fait, le sens de cet axiome est que personne ne peut prétendre être fondé à nous ôter nos chaussures et à nous obliger à suivre la route les pieds entravés.

Avec une bonne dizaine d'années d'avance, *Une terre à la dérive*, la deuxième suite d'*Un raccourci dans le temps*, expose déjà le principe qui sera employé dans la série télévisée *Code Quantum*, devenue un classique de la science-fiction : celui d'un héros s'introduisant dans la peau de personnes dans le passé pour corriger des erreurs du destin.

« LA CONCLUSION, C'EST L'ENDROIT OÙ L'ON VA QUAND ON EST FATIGUÉ DE RÉFLÉCHIR. »

– STEVEN WRIGHT

"A CONCLUSION IS THE PLACE WHERE YOU GOT TIRED OF THINKING."

ÊTRE UN GEEK peut être épuisant mentalement, on le comprend bien. Cependant, la capacité de concentration collective limitée héritée de l'époque d'Internet a pour corollaire que rien n'est plus simple que de répondre à une question urgente d'un simple coup d'œil à Wikipédia, et de s'arrêter là. Parfois, ça suffit : par exemple, inutile de multiplier les sources pour établir avec certitude la période orbitale de Vénus. En revanche, il est un peu décourageant de voir, dans un contexte où l'accès à l'information n'a jamais été aussi vaste, tant de duels sur Internet se résumer à une empoignade entre deux personnes aux points de vue opposés arguant que leurs données respectives sont erronées ou incomplètes. En tant que geeks, il est de notre responsabilité de veiller à ne jamais cesser d'apprendre, à ne pas tout tenir pour acquis, et à prendre chaque déclaration non pas pour une conclusion, mais pour une invitation à élargir nos recherches.

Malgré sa réputation de geek, le comédien de *stand-up* Steven Wright ne compte qu'une seule performance indiscutablement geek à son actif : sa participation au film de 2005 *Le Fils du Mask*.

« TOUT LE MONDE EST FOU ICI. »

– LE CHAT DE CHESHIRE, *ALICE AU PAYS DES MERVEILLES*

"WE'RE ALL MAD HERE."

BIEN RARES sont les héros littéraires qui, à l'instar de la jeune exploratrice de terriers de lapin imaginée par Lewis Carroll, ont la faculté de plaire à tout le monde, dans toutes les catégories d'âge. En son temps, elle a été considérée comme un modèle d'enfant fantasque, une pionnière du surréalisme, et une représentation métaphorique de la société de ses contemporains. (Il est vrai qu'une course organisée par un dodo ouvre de sacrées perspectives en matière d'interprétation.) Dans la multitude d'adaptations de cette fable iconique, le cœur fondamental est demeuré intact : un monde qui n'a aucun sens et une petite fille piégée dedans, incapable d'en trouver la sortie. C'est une arche narrative, bien différente des nombreuses autres histoires d'apprentissage dans lesquelles un jeune protagoniste se retrouve confronté à un ennemi qui peut être vaincu. Alice est bien plus désabusée, et c'est précisément cette perspective – l'héroïne marginale, incomprise et dépitée plus souvent qu'à son tour – qui fait d'elle une telle icône de la littérature geek. Parfois, la seule façon d'affronter le monde consiste à devenir un peu fou.

Les Aventures d'Alice aux pays des merveilles (le titre exact) a été publié en 1865. La suite, *De l'autre côté du miroir*, est parue en 1871.

« D'UN POINT DE VUE ANATOMIQUE, IL Y A CERTAINES PARTIES PROÉMINENTES SUR CES COSTUMES QUI POURRAIENT ENFLAMMER LES LÈVRES D'UNE JEUNE FILLE. »

– POISON IVY, *BATMAN ET ROBIN*

"THERE'S JUST SOMETHING ABOUT AN ANATOMICALLY CORRECT RUBBER SUIT THAT PUTS FIRE IN A GIRL'S LIPS."

IL Y A DEUX FAÇONS de considérer Batman. Au cours de la dernière décennie, la culture populaire l'a vu comme un antihéros un peu brut de décoffrage, dont la ville, Gotham City, est un chaos plein de poussière. Cette interprétation est une réponse plus ou moins directe au *Batman et Robin* de 1997, un film aussi joyeusement coloré qu'une gamme complète de Stabilo, et avec autant de tension qu'un fil de pêche sur un moulinet défectueux. Cependant, depuis toujours, Batman est tout aussi maniéré que sombre et violent, même lorsque la ligne est étroite entre l'autoréférentiel et une tendance nette à une forme d'inconscience. Croyez-le ou non, mais il y a là un précieux enseignement à tirer : les lectures multiples et divergentes d'un même texte peuvent, en fait, être toutes également valides. C'est une donnée qu'on peut facilement oublier à une époque où les sections réservées aux commentaires sur Internet peuvent vite prendre l'aspect d'un compte-rendu des débats hebdomadaires de la Société des amis de l'extrémisme*. Certaines interprétations peuvent se révéler plus approximatives que d'autres – c'est le cas par exemple de l'option consistant à qualifier ce film « d'œuvre homosexuelle » –, mais le fait de ne pas apprécier l'argumentation d'un commentaire ne l'invalide pas pour autant. C'est une leçon dont vous pourrez vous souvenir la prochaine fois que vous croiserez quelqu'un qui a tort sur Internet. (Il y a un second enseignement à tirer de cette réplique : ne portez pas de costume mettant en avant certaines parties proéminentes d'un point de vue anatomique, à moins que vous ne comptiez enflammer les lèvres d'une jeune fille. C'est plus spécifique, mais tout aussi utile.)

---

*C'est une blague. La Société des amis de l'extrémisme n'existe pas. Et si vous n'êtes pas de cet avis, c'est que vous êtes un nazi qui mérite de mourir dans les flammes.

« ON PLEURE PAS DANS LE BASE-BALL ! »

–JIMMY DUGAN, UNE ÉQUIPE HORS DU COMMUN

"THERE'S NO CRYING IN BASEBALL!"

CERTAINES généralisations sont plus immortelles que d'autres. Lorsque Jimmy Dugan, coach réticent d'une équipe féminine, réprimande une Evelyn larmoyante, défenseur droite de son état, en lui servant cette inoubliable tirade, c'est tout à la fois hilarant et manifestement erroné. Sincèrement, le sport a été inventé pour que les hommes puissent s'affronter les uns les autres, avant de pleurer ensemble, non ? Dans le contexte, la réplique en dit plus sur la misogynie persistante de Dugan que toute autre chose. Pour autant, après avoir été catégoriquement adoptée par les geeks, elle est désormais servie à quiconque prend quelque chose un peu trop à cœur. Et chaque fois, bien sûr, elle se trouve être parfaitement erronée (si quelque chose mérite qu'on le prenne à cœur, alors quelqu'un a forcément pleuré à son sujet), mais il y a un je-ne-sais-quoi associé à l'ampleur épique de la généralisation qui bonifie la phrase en lui conférant pratiquement la valeur d'un encouragement, comme une invite à serrer les dents donnée à un soldat au fond de la tranchée. Donc, amis geek, continuez à prendre les choses à cœur au point de verser une larme, même lorsqu'on vous dit qu'on ne pleure pas dans… ce que vous voulez.

Parmi les trucs dans lesquels on pleure indiscutablement, il y a les *comics*, *Star Trek*, *Buffy contre les vampires*, et bien sûr, *I Love Lucy*.

« JE NE ME LAISSERAI PAS INTIMIDER, CLASSER, ESTAMPILLER, INDEXER, BRIEFER, DÉBRIEFER OU NUMÉROTER. MA VIE M'APPARTIENT. »

– NUMÉRO SIX, *LE PRISONNIER*

"I WILL NOT BE PUSHED, FILED, STAMPED, INDEXED, BRIEFED, DEBRIEFED, OR NUMBERED. MY LIFE IS MY OWN."

PAR CETTE LITANIE pleine de défi lancée à la face de ses ravisseurs dans l'ouverture de ce feuilleton ô combien précurseur signé Patrick McGoohan et mettant en scène un agent secret britannique, Numéro Six synthétise tout ce que le spectateur doit savoir concernant les affrontements et questionnements autour de l'idéologie et de l'identité qui traversent cette série à la longévité malheureusement trop brève. Ce prologue, dans lequel on voit un Numéro Six obstiné et dogmatique, mais dont les tentatives pour échapper à ses mystérieux ravisseurs et récupérer son identité sont systématiquement battues en brèche, s'appuie sur un concept selon lequel nous sommes tous enfermés dans un système, quel qu'il soit, qui nous contrôle à chaque instant de notre vie. Et, plus encore, toute velléité de s'en échapper n'est en fait qu'un niveau supplémentaire de contrôle. Au final, on obtient un énorme puzzle aux proportions positivement kafkaïennes. Même si *Le Prisonnier* pousse très loin la pratique consistant à ne livrer aucune réponse définitive, le simple fait que le personnage de McGoohan s'accroche aussi désespérément à son individualité, tout en n'étant jamais qu'un numéro et rien d'autre, démontre amplement combien son combat est vain.

Cette interrogation constante sur l'opposition entre le libre arbitre et le déterminisme, qu'incarne à lui seul le personnage du Numéro Six dans *Le Prisonnier* (1967), est également au cœur du personnage de la Cylon Numéro Six dans *Battlestar Galactica* (2005). Coïncidence ? Nous ne le pensons pas.

« C'EST LA VIE. »

– KURT VONNEGUT, *ABATTOIR 5*

"SO IT GOES."

SI ÉTONNANT que cela puisse paraître, la part la plus tragique et perturbante de la méditation de Kurt Vonnegut sur la guerre, l'inhumanité et la souffrance n'est pas la violence et l'horreur qu'il nous montre, c'est la distance froide et désincarnée avec laquelle le narrateur contemple tout ça. Les hommes naissent, souffrent, se massacrent les uns les autres avant de mourir eux-mêmes, souvent de manière atroce, et souvent des mains d'un autre être humain. C'est la vie. Mais cette froideur, qu'implique-t-elle au juste ? Que nous ne sommes que des coquilles vides ? ou bien que nous protégeons notre psyché contre les risques de lésions émotionnelles profondes ? Malgré le cynisme de Vonnegut, il est agréable de penser qu'il privilégiait la seconde option à la première. Nous ne pouvons ni participer à l'horreur de la violence des hommes, ni y céder, mais il est de notre devoir de la reconnaître. D'une certaine manière, nous devons regarder en face ce que nous sommes capables d'infliger à d'autres. Nous formons une espèce magnifique, terrible et insomniaque. Et, parfois, nous ne sommes encore que des animaux. C'est la vie.

Abattoir 5 (1969) est souvent associé à plusieurs autres romans geeks des années cinquante et soixante : *Fahrenheit 451*, de Ray Bradbury, et *Catch-22*, de Joseph Heller. Enseignement à retenir : les satires intelligentes et les titres comportant des numéros fonctionnent bien ensemble.

« LA SPÉCIALISATION, C'EST BON POUR LES INSECTES. »

– ROBERT HEINLEIN, *TIME ENOUGH FOR LOVE*

"SPECIALIZATION IS FOR INSECTS."

INTÉRESSONS-NOUS à votre appareil portable préféré. On pourrait parier qu'il ne sert pas simplement de téléphoner, mais aussi à faire des photos, voire à servir de touillette automatique pour le café. À coup sûr, il fait des tas de choses. Et c'est pour cela que vous l'adorez. Après tout, si les appareils électroniques ont autant de fonctions incroyables, pourquoi un seul et même appareil ne pourrait-il pas les gérer toutes ? Robert Heinlein était d'avis que le même concept devait s'appliquer aux humains, et il avait raison. Des décennies avant que la pratique ne devienne tendance, Heinlein était déjà un libertaire farouchement débrouillard, indépendant et autonome dans un cercle de pairs progressistes, et ses solides convictions lui ont valu quelques volées de bois vert. Pour autant, on ne pouvait pas l'accuser de sous-estimer la capacité de l'humanité à parvenir à ses fins, alors qu'il exhortait tout un chacun à exceller dans un tas de domaines, à développer ses capacités et ses compétences, à faire preuve d'intelligence, de force, de détermination et de concentration. C'est la mission qui nous échoit en tant qu'être humain, et les histoires de Heinlein sont truffées de personnages nous montrant comment faire. On peut dire ce qu'on veut de ses opinions sur la guerre, mais difficile de critiquer cette ambition d'être une personne accomplie et aux multiples talents. Et donc, allez de l'avant, apprenez à réparer un vélo, découvrez les mystères de l'histoire ancienne, trouvez comment passer l'aspirateur dans les coins ou comment calculer une suite numérique. Vous n'en serez que plus heureux.

Le reste de la citation tirée de *Time Enough for Love* (1973) est un peu long, mais il vaut la peine d'être mémorisé : » Un être humain devrait savoir changer une couche-culotte, planifier une invasion, égorger un cochon, manœuvrer un navire, concevoir un bâtiment, écrire un sonnet, faire un bilan comptable, monter un mur, réduire une fracture, soutenir un mourant, prendre des ordres, donner des ordres, coopérer, agir seul, résoudre des équations, analyser un nouveau problème, répandre de l'engrais, programmer un ordinateur, cuisiner un bon repas, se battre efficacement, et mourir bravement.»

« JE CONNAIS UN AUTRE TRUC. TU VEUX ME VOIR FAIRE DISPARAÎTRE TOUS LES BLANCS ? »

– L'HOMME QUI FAIT LE TOUR DE CARTES, *THE BROTHER FROM ANOTHER PLANET*

"I HAVE ANOTHER TRICK FOR YOU. WANNA SEE ME MAKE ALL THE WHITE PEOPLE DISAPPEAR?"

CE FILM DE 1984 de John Sayles met en scène un extraterrestre dégingandé et muet, qui incidemment se retrouve sur Terre sous les traits d'un homme noir. Très vite, les geeks blancs ont donné à cette œuvre le statut de classique avant-gardiste, parabole parfaite de la question de la race dans l'univers geek. Ce faisant, ils abordent une question qui est un véritable dilemme : d'un point de vue historique, la plupart des geeks ayant généralement été perçus comme des réprouvés aux marges de la société, il leur est difficile de comprendre que certains geeks puissent être marginalisés à l'intérieur même de l'univers geek en raison de caractéristiques autres que leur geekerie : leur sexe, leur origine ethnique ou leur classe sociale. Le « frère » du film de Sayles doit lutter pour trouver sa place dans le cadre glauque et irréel du New York des années quatre-vingts, et plus particulièrement à Harlem. Hormis la couleur de sa peau, il n'a pratiquement rien en commun avec les autres habitants du quartier. Or, dans une société si fortement marquée par les questions raciales, la couleur de la peau est un facteur suffisant pour forger un sentiment de communauté.

Le rôle du « frère » est tenu par Joe Morton, qui allait par la suite renforcer encore sa stature geek en incarnant le docteur Steven Hamilton dans *Smallville* et le type qui détruit l'avenir dans *Terminator 2*.

« DES MONSTRES, JOHN ! DES MONSTRES SORTIS DE L'INCONSCIENT ! »

– LIEUTENANT « DOC » OSTROW, *PLANÈTE INTERDITE*

"MONSTERS, JOHN! MONSTERS FROM THE ID!"

PLUS QUE DES CRÉATURES très anciennes aux allures de calamars venus d'une autre dimension, que des insectes géants mus par la force atomique, ou que des zombies manieurs de tronçonneuses avec des rayons laser ultra-flippants autour de la tête, ce dont nous avons vraiment peur, c'est de nous-mêmes. Les liens de l'humanité avec son passé primitif ne sont pas aussi distendus que nous aimerions le croire, et tout au fond de notre cœur nous le savons pertinemment. Nos pensées, nos désirs, nos appétits les plus sombres, toutes ces choses sont des sources de terreur infiniment plus grandes que n'importe quel monstre que nous pourrions invoquer, non seulement parce qu'elles sont si difficiles à affronter, mais aussi parce qu'elles nous rappellent combien nous sommes encore proches de l'animal. Mais pire encore, nos esprits sont fragiles, à peine contrôlables. Et si précisément nous perdions le contrôle ? Plus que tout, nous craignons de ne plus êtres humains, car plus que la spiritualité, la foi ou le savoir-faire technique, c'est notre conscience, la connaissance que nous avons de nous-mêmes, et la volonté de nous élever au-dessus de nos racines primitives qui forment l'âme humaine. En nous repliant dans l'inconscient, l'instinctif, nous abandonnons tout ce qui nous distingue du singe. Et ça, c'est vraiment la chose la plus effrayante qu'on puisse imaginer.

Freud a introduit le concept de l'inconscient dans son essai de 1920 *Au-delà du principe de plaisir*. Plus grand film de science-fiction inspiré par Shakespeare, *Planète interdite* (1956) explore de manière plus tangible cette problématique.

« SEULES LES FEMMES DE SPARTE METTENT AU MONDE DES HOMMES VAILLANTS. »

– REINE GORGO, *300*

"ONLY SPARTAN WOMEN GIVE BIRTH TO REAL MEN."

« LA MACHINE ANALYTIQUE TISSE LES EXPRESSIONS ALGÉBRIQUES, COMME LE MÉTIER JACQUARD TISSE DES FLEURS ET DES FEUILLES. »

– ADA LOVELACE, *AU SUJET DE LA MACHINE ANALYTIQUE DE CHARLES BABBAGE*

"THE ANALYTICAL ENGINE WEAVES ALGEBRAIC PATTERNS, JUST AS THE JACQUARD LOOM WEAVES FLOWERS AND LEAVES."

LA VÉRITABLE REINE Gorgo de Sparte était une femme d'action capable, dans l'arène politique, de faire bouger les choses à la manière des hommes d'influence les plus respectés de l'ère moderne. C'était aussi une geek, l'une des premières personnes à se lancer dans la cryptanalyse : en effet, elle a aidé ses compatriotes à déchiffrer le code caché sur une tablette de bois gravée, révélant ainsi le message avertissant de l'imminence d'une attaque perse. Et, comme on peut s'y attendre, elle a été l'une des premières cibles du sexisme geek, puisque les chroniques de bon nombre d'historiens chantent ses louanges non pas pour ce qu'elle a accompli (et qui n'est pas rien), mais pour ses liens de parenté avec les hommes autour d'elle : fille, épouse et mère de rois. Si la réplique dans le film *300* de Frank Miller est assez fidèle aux paroles de la vraie Gorgo, telles que rapportées par Plutarque, le contexte est en revanche sensiblement différent. Selon Plutarque, Gorgo ne fait aucunement allusion à la vaillance. En fait, elle répond à une femme d'Attique qui lui demande pourquoi les femmes de Sparte sont les seules à commander aux hommes. Dans ce cadre spécifique d'une conversation entre deux femmes, la réponse de Gorgo devient moins une déclaration au sujet de sa valeur aux yeux des hommes, qu'une description plus subversive des méthodes pour échapper à l'oppression masculine et conquérir une forme de pouvoir spécifiquement féminin. Parallèlement, Gorgo laisse peut-être entendre aussi que les hommes peuvent être des partenaires dans ce processus, s'ils le veulent bien… ou des pions, façonnés dès la naissance par le pouvoir de l'influence maternelle, s'ils n'y mettent pas du leur.

L'auteure du XIXe siècle Ada Lovelace est sans doute l'une des premières femmes à triompher des préjugés historiques dont la reine Gorgo avait à souffrir. Si elle était surtout célèbre de son vivant pour être la fille du poète Byron, la postérité se souvient d'elle comme du premier « programmeur informatique au monde ».

« HORS DE MON CHEMIN. JE VAIS REJOINDRE MA MÈRE. »

– SEPHIROTH, *FINAL FANTASY VII*

"OUT OF MY WAY. I'M GOING TO SEE MY MOTHER."

SEPHIROTH, le lascar qui déchire. Supersoldat. Mégalo terrifiant, sociopathe meurtrier de masse… et fifils à sa maman. *Final Fantasy VII* a changé la vie d'une génération entière de geeks, pour des raisons qui n'ont pas grand-chose à voir avec l'incroyable qualité du graphisme ou du *gameplay*. Cela faisait déjà un certain temps que les jeux dotés d'une intrigue complexe et de personnages en 3D connaissaient une certaine vogue au Japon mais, pour de nombreux Américains, *Final Fantasy VII* a été la première rencontre avec un jeu conçu comme une forme d'art, comme une histoire réellement interactive. Ce qui fonctionnait vraiment bien, c'était l'évolution et l'aura des personnages à mesure que leurs différentes facettes apparaissaient au grand jour. Aucun d'entre nous ne ressemblait au stéréotype du guerrier de *Fantasy* capable de manier une épée gigantesque ou d'invoquer des dragons, tel que nous apparaissait Cloud de prime abord. En revanche, nous comprenions tous parfaitement l'angoissant sentiment d'insécurité perceptible derrière son masque stoïque. Bien peu d'entre nous avaient pour ambition dévorante de dominer le monde, mais nous savions tous ce que signifiait d'avoir à se battre pour conquérir le consentement de nos parents ou d'une figure incarnant l'autorité. Que cette figure ou ces parents soient une forme de vie extraterrestre parfaitement incompréhensible, ou tout équivalent dans le monde réel.

Final Fantasy VII est sorti en 1997, soit une dizaine d'années après le début de la série. Et la saga se poursuit encore aujourd'hui. *Final Fantasy XIV* a démarré en 2010.

« C'EST QUOI TON PROBLÈME, HEATHER ? »

– HEATHER MCNAMARA, *FATAL GAMES*

"WHAT IS YOUR DAMAGE, HEATHER?"

VOUS SAVEZ CE QUI EST LE PIRE de tout ? Le lycée. Tout geek a vu les ravages que cette institution peut provoquer, avec une acuité que bien peu de lycéens lambda sont à même de comprendre. *Grosso modo*, la plupart des films pour adolescents recourent aux mêmes ficelles scénaristiques, de façon que l'héroïne finisse avec un rencard de rêve pour le bal du lycée, ou que le héros remporte la grande épreuve, mais qu'en tout cas tout finisse pour le mieux. Seulement, le lycée n'est généralement pas l'endroit voulu pour un *happy end*, et le film *Fatal Games* l'a bien compris. La formule choc débitée à tout bout de champ par la pouffiasse numéro un, Heather McNamara, ce petit cadeau avilissant libéralement distribué par la chef de bande, parvient tout à la fois à être dédaigneuse, agressive et hautaine. Après la mort de Heather, elle hantera longtemps Veronica, la représentante de la contre-culture. Tous ceux qui ont eu à souffrir d'un harcèlement reconnaissent le jeu de pouvoir à l'œuvre derrière cette remarque tout en fiel. C'est un rite de passage geek majeur vers l'âge adulte, dans lequel il faut contourner tant bien que mal l'emprise que des ennemis bien trop cool ont sur vous. On ne vous en voudra pas si vous n'y êtes pas parvenu, il y a des bassesses dont les échos durent éternellement. Tant que vous ne vous lancez pas dans des parties de strip-croquet avec des étrangers, vous avez de bonnes chances de vous en tirer.

En figurant au générique du brelan gagnant : *Beetlejuice* (1988), *Fatal Games* (1989), et *Edward aux mains d'argent* (1990), Winona Ryder est devenue l'ambassadrice du royaume geek pour toute une génération. Elle poursuivra ensuite sur sa lancée avec *Dracula*, *Les Quatre Filles du docteur March* (Jo est une proto-geek !), et *Alien, la résurrection*, entre autres.

« RAY, LA PROCHAINE FOIS QU'ON TE DEMANDE SI TU ES UN DIEU, TU RÉPONDS OUI ! »

– WINSTON ZEDDEMORE, *SOS FANTÔMES*

"RAY, IF SOMEONE ASKS YOU IF YOU ARE A GOD, YOU SAY YES!"

« TU LUI EXPLIQUES LE TRUC DU CAKE. »

– WINSTON ZEDDEMORE, *SOS FANTÔMES*

"TELL HIM ABOUT THE TWINKIE."

À SA MANIÈRE, *SOS Fantômes* se moque bille en tête de la ville de New York. On rit autant de l'imperturbabilité du New-Yorkais type que du ridicule du bibendum Chamallow. Cela ne nous surprendrait pas qu'un New-Yorkais soit irrévérencieux et arrogant au point de prétendre à la divinité. Pour tout dire, nous avons été quelques-uns à être surpris lorsque Dan Aykroyd, qui incarne le docteur Ray Stantz, tente de s'y soustraire. Parallèlement, *SOS Fantômes* se moque de l'arrogance des geeks. Ray et Egon, les cerveaux à l'origine des costumes, n'ont peut-être pas le sens des affaires de Venkman ou le sérieux de Winston, mais ils ont au moins quelque chose pour eux : ils ont raison. La comparaison avec un cake, le désastre d'ampleur biblique, les accélérateurs de particules non autorisés, tout est complètement farfelu, c'est un miracle qu'ils aient survécu. Mais ils connaissent leur affaire et refusent de céder, forts de l'importance de ce qu'ils savent, alors que la ville est pleine de blasés qui leur disent qu'ils ont tort. À cause de leur insistance acharnée, New York est, plus ou moins, prête à une catastrophe majeure. Donc, quand on y réfléchit, Winston avait raison lui aussi. Après tout ça, un brin de vantardise aurait été parfaitement de circonstance.

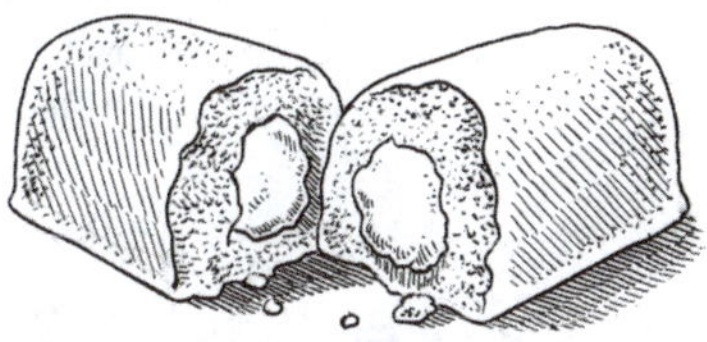

Dans la novélisation de *SOS Fantômes* (1984), nous apprenons que Winston a servi dans le corps des marines. La suite en jeu vidéo (1991) nous révèle qu'il est un véritable érudit en égyptologie.

« POURQUOI CET AIR SI SÉRIEUX ? »

–JOKER, THE DARK KNIGHT : LE CHEVALIER NOIR

"WHY SO SERIOUS?"

AU FIL DES ADAPTATIONS, les Némésis de Batman ont rarement été dotées de superpouvoirs. En règle générale, ce sont juste des personnages un peu plus étranges et cruels que la norme. Dans les premiers films, le Joker était un farceur en technicolor, plus prompt au calembour qu'à la prudence. Toutefois, à partir du *reboot* de Christopher Nolan en 2005, le monde de Batman devient infiniment plus sombre, et il faut alors un Joker à la hauteur. La version que Heath Ledger donne du personnage est celle d'un méchant violent et chaotique, qui choque jusque dans le monde des suites de films tirés de *comics* pourtant accoutumé à pratiquer la surenchère. Les films de superhéros ont beau être fondamentalement des œuvres de divertissement et d'évasion, chaque adaptation de Batman est le reflet non seulement de l'univers propre à l'*alter ego* de Bruce Wayne, mais aussi du monde réel. Et c'est pour cela que le cri de ralliement de ce Joker nous rappelle amèrement que la vie d'aujourd'hui est devenue aussi chaotique et compliquée que Gotham City, et que bien rares sont les criminels à la une des journaux qui ne donneraient pas du fil à retordre au Joker. Dire que le Joker nous lance une véritable injonction serait un peu excessif mais, parfois, cela ne fait pas de mal de prendre les choses un peu plus au sérieux.

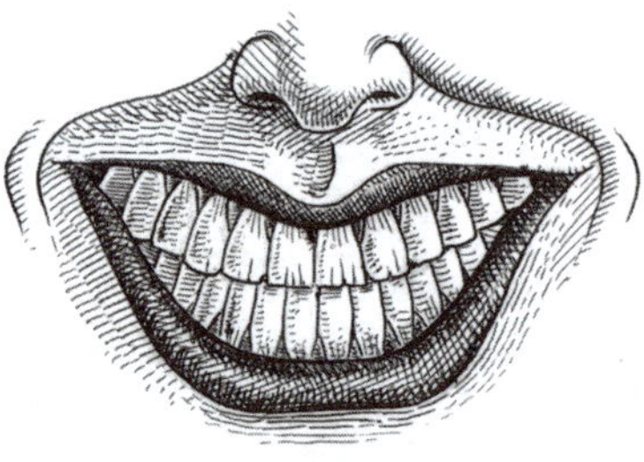

Dans *The Dark Knight : Le Chevalier noir* (2008), Heath Ledger tient son dernier rôle, avant son décès prématuré à l'âge de vingt-huit ans.

« AUTOBOTS, TRANSFORMATION ! »

– OPTIMUS PRIME, *TRANSFORMERS*

"TRANSFORM AND ROLL OUT!"

PLUS QU'UNE FORMULE qui déchire, l'appel aux armes du chef des Autobots Optimus Prime, en route pour un combat contre les maléfiques Decepticans, représente une philosophie qui, si on tranche jusqu'à l'os, n'est pas si éloignée de la pensée de Martin Luther King Jr lorsqu'il disait : « Le changement n'est pas le fruit d'une transformation inéluctable, mais d'une lutte permanente. » L'idée que chacun doit agir à un niveau microcosmique avant d'envisager le changement à une échelle plus globale comporte une indiscutable part de vérité. Et s'il existe une catégorie de personnages qui incarnent la dichotomie entre la lutte permanente et la transformation immanente, c'est bien les Transformers. Si Optimus et ses frères robotiques sont des exemples peut-être un chouïa trop littéraux de la thèse du révérend King, disons qu'il faut chercher les éléments de sagesse là où on les trouve. Pour une génération entière d'enfants ayant grandi dans les années quatre-vingts, cette sagesse était donnée par un robot animé doté d'une voix très grave, et qui passait la moitié du temps dissimulé sous les traits d'un énorme Mack *truck*.

En plus d'être la voix d'Optimus Prime et de Bourriquet dans *Winnie l'ourson*, l'acteur Peter Cullen est le baryton dont les accents ont captivé les spectateurs pendant des décennies dans d'innombrables bandes-annonces de films d'action.

« NOUS SOMMES TRANSPORTÉS DANS UNE AUTRE DIMENSION, UNE DIMENSION FAITE NON SEULEMENT DE PAYSAGES ET DE SONS, MAIS SURTOUT D'ESPRITS. »

– ROD SERLING, *LA QUATRIÈME DIMENSION*

"YOU'RE TRAVELING THROUGH ANOTHER DIMENSION, A DIMENSION NOT ONLY OF SIGHT AND SOUND, BUT OF MIND."

« J'AI POURSUIVI AVEC HARDIESSE MA QUÊTE DE LA CONNAISSANCE, NE CRAIGNANT JAMAIS DE SUIVRE LA VÉRITÉ ET LA RAISON OÙ QU'ELLES PUISSENT ME MENER, ET AFFRONTANT AVEC DÉFI CHAQUE FIGURE D'AUTORITÉ QUI SE DRESSAIT SUR MON CHEMIN. »

– THOMAS JEFFERSON

"I WAS BOLD IN THE PURSUIT OF KNOWLEDGE, NEVER FEARING TO FOLLOW TRUTH AND REASON TO WHATEVER RESULTS THEY LED, AND BEARDING EVERY AUTHORITY WHICH STOOD IN THEIR WAY."

LES IDÉES CHANGENT le monde bien plus que les fusils, les bombes et les poings. Albert Einstein, Karl Marx, Thomas Jefferson, Carl Sagan... ces hommes ont été à l'origine de révolutions, ils ont ouvert de nouvelles voies qui permettent de mieux voir et comprendre notre monde. Tout naturellement, les geeks connaissent depuis toujours le pouvoir de l'esprit. Pourtant, ce n'est qu'au XXᵉ siècle que nous avons développé une solide sous-culture intégrant les grandes envolées de l'imagination qui sont en quelque sorte devenues notre marque de fabrique. Jefferson avait fort justement identifié la nécessité de nourrir l'esprit, cette aspiration à la culture et à la spéculation intellectuelle qui permet de mieux pénétrer la condition humaine. En revanche, ce qu'il n'avait probablement pas anticipé, c'est la façon dont les artistes geeks modernes, tels le génial créateur de *La Quatrième Dimension*, Rod Serling, allaient par la suite s'emparer de cet élan, de ce goût pour la puissance de l'esprit, et y appliquer les attributs métaphoriques chers à la jeunesse, tous forcément frivoles – des poupées qui parlent ! des aliens venus de l'espace ! – pour produire du pur divertissement mâtiné de profonde réflexion. À leur façon, les tropes narratifs nés de l'influence de Serling ont été une révolution culturelle aussi radicale que tout ce que Jefferson aurait pu imaginer.

Parfois, la geekerie atteint un tel degré de qualité qu'elle prend le pas sur la culture dominante. *Variety*, la gazette hollywoodienne consacrée à l'industrie du spectacle, a estimé que *La Quatrième Dimension* (1959) était « ce qu'on a jamais fait de mieux en une demi-heure de programme télévisé ».

« DOUTER DE TOUT OU TOUT CROIRE, CE SONT DEUX SOLUTIONS ÉGALEMENT COMMODES, QUI L'UNE ET L'AUTRE NOUS DISPENSENT DE RÉFLÉCHIR. »

– HENRI POINCARÉ, *LA SCIENCE ET L'HYPOTHÈSE*

QU'IL S'AGISSE DES RELIGIONS ou bien des médias, il y a des moments où il est vital de douter de ce qu'on nous dit, et d'autres où croire est la seule chose qui puisse apporter un certain réconfort. Pour autant, notre tendance naturelle consiste à choisir l'une de ces deux positions et à s'y tenir indéfectiblement. En tant qu'êtres humains, la paresse est chez nous une caractéristique fondamentale. Nous n'aimons pas travailler plus que nécessaire, ni penser plus qu'il ne le faut. Pour partie, cet état de faits est imputable à l'époque d'extrême polarisation partisane dans laquelle nous vivons. La Raison n'a plus droit de cité dans les discussions, tout ne dépend plus que de l'ego investi dans les positions que nous défendons. En plus de souligner cette paresse consubstantielle de l'homme, Poincaré montre combien il peut être difficile de trouver son équilibre sur le fil de ce rasoir. Si nous voulons un jour parvenir à un véritable progrès, cela ne pourra se faire qu'en acceptant que la foi et le doute peuvent chacun être positif dans une égale mesure.

Le mathématicien français Poincaré (1854-1912) a jeté les bases des champs d'étude modernes de la topologie algébrique et de la théorie du chaos.

« EN FRANÇAIS, MOI, FAIBLE ? ALORS LÀ, JE SUIS T-ÉTONNÉ ! »

– RALPH WIGGUM, *LES SIMPSON*

"ME FAIL ENGLISH? THAT'S UNPOSSIBLE!"

SUR TOUTE AUTRE PAGE du présent ouvrage, nous serions en train de développer l'idée contenue dans cette citation. Mais sur celle-ci nous n'en ferons rien. L'exclamation confuse de Ralph est en elle-même un koan zen, sur lequel nous vous invitons à méditer. Puis à recommencer encore. Cela fait des années que nous méditons dessus et, chaque fois, nous y trouvons de nouvelles nuances subtiles.

Très respectueusement, nous émettons l'hypothèse que Ralph Wiggum pourrait bien être un avatar de Délire, des Éternels, tout comme Rose Nylund et Phoebe Buffay.

« SI LA CERVELLE DE SINGE EST FRÉQUEMMENT UTILISÉE DANS LA CUISINE CANTONAISE, ELLE EST BEAUCOUP PLUS RARE À WASHINGTON, D.C. »

– WADSWORTH, *CLUEDO*

"MONKEYS' BRAINS, WHILE POPULAR IN CANTONESE CUISINE, ARE NOT OFTEN TO BE FOUND IN WASHINGTON, D.C."

POUR RÉSOUDRE un mystère, on procède comme suit: on repère les incohérences et on remonte jusqu'à leur source. Dans *Cluedo*, parodie ultime d'une enquête policière, tout n'est qu'incohérence. Aucun risque donc de s'écarter d'une ligne de base donnée. Voilà qui fait de cette histoire une véritable farce, mais qui fournit aussi l'occasion d'assener quelques truismes bien sentis. Par exemple, pour déchiffrer un indice, il faut au préalable l'observer. La présente réplique arrive vers la fin du film: elle émane de Wadsworth, le majordome du manoir de M. Boddy. Il s'agit d'un élément clé de son raisonnement devant conduire à la résolution du meurtre mystérieux, à la nuance près que c'est un mensonge délibéré puisqu'il omet de dire que de la cervelle de singe a précisément été servi comme plat au dîner. Cette ligne de dialogue est emblématique d'une technique narrative consistant à sortir un lapin de son chapeau, un as de sa manche, voire, comme on dit dans les *master classes* d'écriture en référence à Houdini et sa souplesse légendaire, à « sortir la tête de son cul ». Dans une véritable enquête policière, cela revient à violer tous les principes. Mais, dans une parodie, c'est une source d'humour, et, dans la vie, il y a toujours des moments où il n'y a plus d'autres solutions que celle-ci. (Puisqu'on parle de *master classes*…)

Cluedo est un film rarement cité de l'icône geek de la réalisation John Landis *(Les Blues Brothers, Le Loup-garou de Londres)*, qui en a coécrit le scénario avec le réalisateur Jonathan Lynn.

« TU ES UN VAMPIRE. OH ! PARDONNE-MOI. J'AURAIS DÛ EMPLOYER UN TERME DIFFÉRENT. "MORT AMBULANT" ? »

– BUFFY SUMMERS, *BUFFY CONTRE LES VAMPIRES*

"YOU'RE A VAMPIRE. OH, I'M SORRY. WAS THAT AN OFFENSIVE TERM? SHOULD I SAY 'UNDEAD AMERICAN'?"

PARCE QU'ELLE NE PORTE PAS de combinaison moulante, d'aucuns oublient parfois que Buffy Summers est à tous égards un superhéros de *comics*. Son personnage illustre la vie de n'importe quelle jeune fille au lycée et, plus encore, de n'importe quel être humain, mais à une échelle bien plus grande et dans une lumière infiniment plus brillante. Les inévitables angoisses découlant de ses rapports adolescents sont certes exagérées, mais fondamentalement guère modifiées par le fait qu'elle affronte au quotidien non pas des crétins et des athlètes de campus, mais des vampires et des démons. Le côté littéral des métaphores de la vie de tous les jours empiète jusque sur le territoire des identités lorsqu'elle se moque de son petit ami, vampire tourmenté, en soulevant l'idée que ses affres seraient peut-être allégées si la terminologie monstrueuse applicable à son existence était traduite dans une version politiquement correcte. Il nous est tous arrivé, comme à Buffy, de lâcher quelques paroles narquoises ou blessantes à ceux que nous aimons, voire à mépriser ouvertement des choses qui leur tiennent profondément à cœur. Néanmoins, derrière la petite pique, Buffy ne peut oublier qu'elle a su, au fond de son cœur, reconnaître et aimer l'humanité endommagée d'Angel. Il y a un enseignement à en tirer : si vous avez l'intention de passer outre les convenances, assurez-vous de le faire avec quelqu'un dont vous savez qu'il acceptera ensuite vos excuses.

Le badinage enjoué de Joss Whedon est largement inspiré de l'esprit des petites prises de bec pendant les combats des Marvel *comics*, raison pour laquelle les fans ont été ravis de le voir se mettre au scénario, en 2004, de la nouvelle série *Astonishing X-Men*.

IV.

LE SAVOIR, C'EST LA MOITIÉ DE LA BATAILLE

KNOWING IS HALF THE BATTLE

(LES CONFLITS)

« EH ! CONNARD !
TIRE TES SALES PALUCHES DE LÀ OU JE ME FÂCHE. »

– GEORGE MCFLY, *RETOUR VERS LE FUTUR*

"HEY, YOU - GET YOUR DAMN HANDS OFF HER."

SI VOUS AVEZ un jour douté qu'une seule phrase puisse dire beaucoup, intéressez-vous donc au cas de George McFly : la manière dont il prononce ces mots exprime tout à la fois l'identité d'emprunt, l'agression sexuelle, l'héroïsme en gestation, l'amorce d'un épisode incestueux, et le dérèglement du *continuum* spatio-temporel, et tout ça avant même que Biff se retourne. Nous connaissons tous des épisodes comme ça dans l'existence où tous nos problèmes et nos rêves paraissent se fondre en un instant unique et terrifiant, et où nous savons que la manière dont nous allons agir nous changera à jamais. Étonnamment, pour George, la minute véritablement charnière est celle où il prend la décision d'agir : l'inertie qui en résulte retentit à la fois sur ses actes et les altérations concrètes de la réalité. C'est le point culminant du film : son triomphe. Dans la vie réelle, prendre une décision grave à un moment crucial signifie bien souvent que d'autres problèmes nous attendent en aval. Et pourtant la décision difficile à prendre est souvent la bonne. Un juste combat vaut toujours la peine d'être livré.

Le portrait que Crispin Glover donne de George McFly dans *Retour vers le futur* (1985) est si saisissant qu'il est difficile d'imaginer quelqu'un d'autre dans le rôle. Pour autant, cela n'a pas empêché les producteurs de la suite de le remplacer par un acteur au cachet moins élevé.

« VOTRE MANQUE DE FOI ME CONSTERNE. »

– DARK VADOR, *STAR WARS : UN NOUVEL ESPOIR*

"I FIND YOUR LACK OF FAITH DISTURBING."

L'AMIRAL MOTTI pensait savoir à qui il avait affaire. Son suzerain, le *big boss* impérial Grand Moff Tarkin, avait un bras droit, Dark Vador, qui faisait ce qu'il voulait quand il le voulait, et se montrait, pour tout dire, parfaitement imbu de sa personne. Pendant une dizaine d'années, Motti, bon soldat consciencieux, s'était colleté avec le cauchemar logistique de la construction d'une station de combat de la taille d'une lune, pour finir par se faire rembarrer négligemment par ce clampin encombré des bronches et à la respiration lourde. Après d'innombrables réunions de travail pendant lesquelles Vador avait certainement radoté sans fin sur la « puissance de la Force », pas difficile de comprendre que Motti en ait eu assez, au point de se sentir autorisé à remettre Vador à sa place. Et c'est là que Motti commit une erreur, en méjugeant le cran et les burnes de son rival. Il pensait savoir à quelle réponse s'attendre après avoir traité son collègue de gros con. Jamais il n'avait pensé qu'il puisse lui arriver de se faire étrangler à mort sur place. En guise de leçon, on ne saurait trop recommander à chacun d'évaluer le plus précisément possible ses adversaires. Jusqu'où sont-ils prêts à aller ?

Nous souhaiterions mettre à profit la présente note pour suggérer à George Lucas, la prochaine fois qu'il reprend le collier pour produire une nouvelle version numériquement modifiée de ses films, d'en profiter pour remplacer toutes les séquences où figure Anakin Skywalker non masqué par de nouvelles prises de vue et de son, assorties d'un rajeunissement, de James Earl Jones.

« BONNE JOURNÉE, MONSIEUR ! BONNE JOURNÉE ! »

– WILLY WONKA, *CHARLIE ET LA CHOCOLATERIE*

"GOOD DAY, SIR!… I SAID, GOOD DAY!"

CES DERNIÈRES ANNÉES, Jon Stewart s'est approprié cette phrase, qui met un terme à une conversation qui fâche, et, même s'il ne l'utilise que sur un mode humoristique, les cinq mots qui la composent illustrent parfaitement la philosophie « extrêmement modérée » qui fait tout le charme de Stewart. Quand Willy Wonka congédie Charlie Bucket en lui lançant cette formule, après avoir appris que Charlie avait manqué aux règles fixées pour la visite de la chocolaterie, il agit sous le coup de la colère, de la fureur même, d'avoir été floué par un Charlie sur lequel il fondait de grands espoirs. Pour autant, il ne se laisse pas consumer par son courroux désappointé. Il n'envoie pas le moindre nom d'oiseau à la tête de Charlie. Il exprime simplement sa contrariété... courtoisement et poliment. Son ton est emporté et lourd de déception, mais ses paroles conservent toute leur dignité. Il rappelle les termes contractuels enfreints par Charlie, détaille la conclusion qui en découle logiquement, puis s'interrompt là. Et, ce faisant, en arrêtant les frais juste avant l'option nucléaire, en étant furieux mais sans devenir désagréable, il laisse à Charlie la possibilité de glisser encore un mot, très exactement ce qu'il faut pour que les deux reviennent à la table et parviennent à donner une issue heureuse à l'histoire. Ce distinguo entre l'honnêteté déterminée et l'insulte est la ligne que Stewart, et les millions d'Américains fans de son émission, voudrait voir tracée de nouveau par les politiciens d'aujourd'hui.

Roald Dahl, auteur de *Charlie et la chocolaterie* et as de l'aviation pendant la Seconde Guerre mondiale, a participé à des missions de combat au-dessus de la Grèce, puis été nommé lieutenant-colonel, avant de collaborer avec les services de renseignement britanniques en compagnie de Ian Fleming.

« ET J'ÉTAIS VENU ICI POUR POUVOIR BOUFFER DU BUBBLEGUM ET EN COGNER QUELQUES-UNS. ET COMME J'AI PLUS DE BUBBLEGUM... »

– « ROWDY » RODDY PIPER, *INVASION LOS ANGELES*

"I HAVE COME HERE TO CHEW BUBBLEGUM AND KICK ASS, AND I'M ALL OUT OF BUBBLEGUM."

LE MANQUE DE CHEWING-GUM n'est pas exactement le facteur qui déclenche l'envie irrépressible de « Rowdy » Roddy Piper d'aller casser de l'alien. Après tout, comme il le dit lui-même, il est venu à la fois pour bouffer du premier et cogner du second. Pas de « ou » entre les deux membres de la phrase, c'est l'un « et » l'autre. Si l'occasion s'était présentée, il aurait volontiers mâchouillé de la gomme tout en faisant des misères à des extraterrestres, ce qui est plus que ce que la majorité d'entre nous est capable de faire. Ces bons mots un peu ridicules peuvent paraître absurdes, mais ils nous disent quelque chose sur nous-mêmes. En effet, l'affirmation d'un souhait au caractère quasi prophétique inhérente à ce type de répliques n'a pas pour unique fonction de conférer au locuteur une attitude cool, il s'agit aussi pour lui de conserver son sang-froid dans des situations où n'importe qui aurait plutôt envie de se recroqueviller en position fœtale pour fondre en larmes. L'histoire de l'homme ordinaire devenu héros est certes un pilier de l'imaginaire geek, mais nous n'en revenons pas moins régulièrement au modèle dur de dur spirituel et drôle. Et il y a une bonne raison à ça : nous voulons triompher de l'adversité pour entrer dans l'héroïsme mais, surtout, nous voulons y parvenir sans pisser dans notre froc. Alors faites tourner le chewing-gum, s'il vous plaît.

En 2010, le romancier Jonathan Lethem a publié un ouvrage de deux cent huit pages qui analyse la construction du film *Invasion Los Angeles* (1988), toujours l'œuvre la plus unanimement saluée à ce jour du réalisateur John Carpenter.

« PAS DE PANIQUE ! »

– DOUGLAS ADAMS, *H2G2 : LE GUIDE DU VOYAGEUR GALACTIQUE*

"DON'T PANIC"

LORSQUE FRANK HERBERT, l'auteur de *Dune*, dit de la peur qu'elle tue l'esprit, il compose une longue litanie pour souligner ce point. À l'opposé, Douglas Adams rend la même idée en trois mots écrits en majuscules. Si cette devise figure sur la couverture du *Guide du voyageur galactique*, sans doute pour éviter de susciter le découragement chez les lecteurs craignant qu'un tel ouvrage se révèle par trop compliqué, Arthur C. Clarke en personne a qualifié ladite devise de meilleur conseil qu'on puisse prodiguer à l'humanité tout entière. Ce n'est pas une mise en garde contre le risque que la vie vous colle un missile en pleine lucarne ; d'ailleurs, si vous appartenez à l'expérience humaine depuis suffisamment longtemps, vous savez que cela a de bonnes chances de se produire. Non, le vrai test, c'est comment vous réagissez lorsque l'inévitable se produit. Ne vous laissez pas submerger. Ne vous découragez pas. PAS. DE. PANIQUE. En fait, si vous prenez un peu de recul pour réfléchir, vous verrez sûrement, comme Adams le dit quelque part dans son guide, que tout ça est « globalement inoffensif ».

La phrase « Pas de panique ! » a par la suite été reprise par le jeune Neil Gaiman pour son essai, réédité en 2009, *Douglas Adams et Le Guide galactique*.

« AU MOINS, J'AI DU POULET. »

– LEEROY JENKINS, *WORLD OF WARCRAFT*

"AT LEAST I HAVE CHICKEN."

L'ISOLEMENT SOCIAL est une phase incontournable du processus d'accession à la maturité du geek. Pendant l'enfance et l'adolescence, c'est douloureux d'être différent, tant est forte la pression sociale exercée par la famille, la société et les camarades d'école. Tout le monde nous dit de rentrer dans le rang et de nous conformer à la norme. Du coup, lorsque les geeks finissent par se trouver et former leur propre groupe, ils créent des liens entre eux que rien ne saurait trancher, hormis peut-être une attaque nucléaire. Par exemple, prenons le cas de «l'incident Leeroy Jenkins», une vidéo de *World of Warcraft* de 2005 devenue tristement célèbre, montrant une phase de jeu dans laquelle une guilde de joueurs au complet se fait décimer à cause de la hardiesse aussi stupide qu'imprudente de l'un de ses membres, parti à l'assaut sans tenir compte de la stratégie amoureusement peaufinée par le groupe. Le monde entier, de l'humoriste Conan O'Brien aux forces armées américaines, a cité cette vidéo comme étant une manifestation de stupidité crasse et de communication défaillante (ça c'est pour Leeroy), mais aussi un exemple où d'aucuns prennent les choses trop à cœur (ça c'est pour les autres *gamers*, mis hors d'eux par l'initiative de Leeroy). Mais la réaction collective de la guilde nous livre un autre message important: lorsque Leeroy s'est élancé bille en tête dans la gueule du loup, tout le monde a suivi. Ils ont tous tenté de le sauver, même si ce faisant ils signaient l'arrêt de mort de leur perso. Parce que, voyez-vous, c'est ça l'amitié geek.

Sur le plan littéral, la tirade finale de Leeroy à ses amis, «Au moins, j'ai du poulet», est d'une exégèse plus ardue. Apparemment, Ben Schulz, qui jouait Leeroy, n'a pas compris le plan, parce qu'il s'est absenté un instant pour aller manger un bout dans la cuisine. Du poulet. Aujourd'hui encore, la véracité de cette explication est sujette à débat.

« IL Y A QUATRE LUMIÈRES ! »

– JEAN-LUC PICARD, *STAR TREK : LA NOUVELLE GÉNÉRATION*

"THERE ARE FOUR LIGHTS!"

LA TORTURE NE MARCHE PAS… parce que la torture fonctionne trop bien. Aucun taré de tortionnaire ne peut savoir avec certitude comment réagit l'esprit de ceux qu'il martyrise. Parfois, ils livrent la vérité et, d'autres fois, ils sont si déterminés à la garder que tous les efforts pour la leur arracher risquent de transformer des mensonges en nouvelles réalités. Comment savoir ? Est-ce vrai ? Est-ce faux ? Peut-être ? Peut-être pas ? La torture, ce n'est pas uniquement lorsqu'un officier cardassien attache le capitaine Picard dans le noir et lui inflige de la douleur pour obtenir des renseignements d'ordre militaire. La torture, c'est quand une petite brute dans la cour de l'école frappe un autre enfant, chaque jour pendant trois ans. C'est lorsqu'un conjoint abuse de l'intimité du mariage pour transformer son ou sa partenaire en esclave effrayé. C'est un jeu non seulement cruel, mais aussi dangereux, car si le faible se trouve subitement en possession d'une arme, qui peut savoir où il la pointera.

L'épisode « Hiérarchie » de 1992, d'où est tirée cette réplique, a été coécrit par Ronald D. Moore, qui a par la suite exploré plus avant le thème de la torture dans l'espace dans *Battlestar Galactica*.

« JE PEUX VOUS TUER AVEC MON CERVEAU. »

– RIVER TAM, *FIREFLY*

"I CAN KILL YOU WITH MY BRAIN."

DANS L'UNIVERS DES GEEKS, l'esprit est un prince. Le monde est plein de geeks athlétiques ou physiquement attirants, mais au bout du compte, ce qui fonde l'identité geek, c'est l'intellect et la volonté de se distinguer. Malheureusement, ces qualités-là ne sont guère valorisées dans notre monde. Du coup, n'est-il pas super cool que dans la littérature geek, autrement dit, la science-fiction et la *Fantasy*, on croise des personnages capables de venir à bout de leurs adversaires par la seule puissance de leur cerveau et de leur volonté ? Au bout du compte, la popularité persistante des pouvoirs psychiques ou psioniques dans le *Zeitgeist* geek renvoie à la puissance de l'esprit et sa valeur relative dans la société. Les héros et héroïnes de ces histoires sont souvent effrayés par leurs capacités ou doivent lutter pour les maîtriser. Mais, lorsqu'ils en ont le plein contrôle, aucune force dans le camp adverse ne peut plus les arrêter.

La série *Firefly* (2002) n'a peut-être pas duré plus de quatorze épisodes, mais une décennie plus tard, son acteur star, Nathan Fillion, est toujours là à lâcher ses blagues pour initiés dans sa nouvelle série, *Castle*.

« VOUS AVEZ ÉTÉ PESÉ, VOUS AVEZ ÉTÉ MESURÉ ET ON VOUS A JUGÉ INSUFFISANT. »

– COMTE ADHÉMAR, *CHEVALIER*

"YOU HAVE BEEN WEIGHED, YOU HAVE BEEN MEASURED, AND YOU HAVE BEEN FOUND WANTING."

QUEL GROS CONNARD que ce comte Adhémar, qui prend son pied en brisant avec gourmandise les espoirs du jeune William Thatcher, dont le rêve serait de devenir pour de bon sir Ulrich von Lichtenstein. Qui n'a pas un jour croisé un type comme lui ? Un type totalement imbu de lui-même, ébloui par le génie et le talent qu'il lui a fallu déployer pour réussir l'exploit de naître au sein d'une famille riche dans une société où il y a une classe dominante et une classe dominée ? Qui tient pour acquis que lui revient tout le mérite d'être beau garçon, de remporter des victoires, et d'avoir un aréopage de dames à ses pieds toutes prêtes à le flatter ? Rien ne vous ferait plus plaisir que de le mettre à bas de son cheval, pas vrai, avec une grande lance et dans un fracas infernal, si doux à l'oreille ? Soyons honnêtes, il y a peu de chances que vous puissiez un jour le faire. Mais vous pouvez toujours l'imaginer. Et même si vous n'êtes pas vraiment sur place, vous pouvez prendre tout le temps voulu pour déguster le plaisir sadique de cet instant où il tire un peu à gauche quand il aurait dû aller à droite, et où la mine qu'il fait en se vautrant dans la poussière est très exactement celle que vous aviez espérée.

Le film *Chevalier* (2001) met en scène le personnage d'un jeune Geoffrey Chaucer fort indiscipliné, qui n'a pas encore écrit *Les Contes de Cantorbéry*. Quiconque a apprécié le Chaucer fictif incarné par Paul Bettany aura profit à explorer l'univers en ligne, distinct mais tout aussi plaisant, de *Geoffrey Chaucer Hath a Blog*.

« DEUX ET DEUX FONT CINQ. »

–GEORGE ORWELL, *1984*

"TWO AND TWO MAKE FIVE."

NORMALEMENT, LES ÉQUATIONS mathématiques n'effraient que les enfants des écoles élémentaires, mais il y a tout de même quelque chose de glaçant dans celle contenue dans cette citation : le rappel que l'esprit est faible quand bien même nous nous croyons forts. Nous aimons tous à penser que nous sommes intelligents, perspicaces et, par-dessus tout, rationnels (les geeks en particulier tiennent en très haute estime la puissance de leur esprit, souvent à juste titre d'ailleurs), mais la peur, l'oppression et le désespoir sont des armes capables d'écraser n'importe quel esprit. À la schlague, Goebbels et la propagande nazi ont pu mener leur pays jusqu'à la frénésie génocidaire, non pas parce que le peuple allemand est faible d'esprit (au contraire, les Allemands ont souvent fait œuvre pionnière dans les domaines intellectuels), mais parce que l'esprit est plus tendre que la chair. Utilisez la peur, qu'elle soit rationnelle ou non, les préjugés, l'envie, les désirs, et vous pouvez briser un esprit plus sûrement qu'un os. Par un bourrage de crâne approprié, on peut convaincre un peuple normalement enclin à la bonté à regarder ailleurs pendant que des millions d'êtres sont envoyés à la mort, à ignorer l'odeur nauséabonde de la putréfaction, et à prétendre que, oui, deux et deux font cinq.

Le roman *1984*, de George Orwell, est l'un des quelques ouvrages geeks de science-fiction très noire à avoir reçu l'approbation du monde littéraire officiel.

« J'AI UN MAUVAIS PRESSENTIMENT. »

– HAN SOLO, *STAR WARS : UN NOUVEL ESPOIR*

"I'VE GOT A BAD FEELING ABOUT THIS."

« J'AI UN MAUVAIS PRESSENTIMENT. »

– PRINCESSE LEIA, *L'EMPIRE CONTRE-ATTAQUE*

"I HAVE A BAD FEELING ABOUT THIS."

« J'AI VRAIMENT UN TRÈS MAUVAIS PRESSENTIMENT. »

– HAN SOLO, *LE RETOUR DU JEDI*

"I HAVE A REALLY BAD FEELING ABOUT THIS."

QUAND LES PERSONNAGES de *Star Wars* ont un mauvais pressentiment, ce qui arrive assez fréquemment, puisqu'il s'agit là d'un des gags les plus récurrents de toute la saga, l'humour atteint un niveau métatextuel : dès l'instant où cette phrase est prononcée, le spectateur est averti de l'imminence d'un retournement narratif. La vie n'est pas très différente. Parfois, on sait que quelque chose ne va pas. Que ce soit le destin, l'instinct ou le subconscient qui soit à l'œuvre, nous savons reconnaître cet instant où les parois du compacteur à déchets de l'existence sont sur le point de se refermer. C'est un picotement au creux du ventre qui vous fait dire : « Si je fais un pas de plus, ça va partir en vrille. » Si alarmant qu'il puisse paraître, ce sentiment est plutôt sain. L'éprouver, c'est éprouver la vie. Autrement dit, même si par définition on ignore ce qui nous attend au coin de la rue, au moins a-t-on la certitude que la rue pourrait bientôt tourner. Tout comme ce « J'ai un mauvais pressentiment » est un clin d'œil espiègle au public, la sensation dans l'estomac est un clin d'œil que la vie nous fait. Alors, soyons prêts et ouvrons l'œil…

D'autres personnages ont prononcé cette phrase : Obi-Wan Kenobi, Anakin Skywalker, Luke Skywalker, Z-6PO.

« IL EST L'ÉLU. »

– MORPHEUS, *MATRIX*

"HE IS THE ONE."

« JE CONNAIS LE KUNG-FU. »

– NÉO, *MATRIX*

"I KNOW KUNG FU."

LA PLUPART des analyses critiques de la trilogie *Matrix* mettent en évidence l'allégorie chrétienne qu'elle représente, même si Jésus n'a jamais eu pour grande spécialité de bondir dans les airs ou d'afficher une attitude hyper cool. En outre, dans ses rapports avec ses ennemis, il privilégiait l'amour plus que la technique consistant à les réduire en petits tas sanguinolents. La dimension non messianique du comportement de Néo découle peut-être du fait qu'une injonction telle que « Tends l'autre joue » est assez dure à accepter pour les geeks, dont bon nombre ont déjà eu à souffrir de harcèlement et autres formes d'injustice. À l'instar d'autres superhéros, parmi lesquels il a tout naturellement sa place, Néo fait un sauveur plus acceptable aux yeux de certains, car non seulement il condamne l'injustice, mais il l'attaque frontalement, et de manière assez jouissive. Cependant, il y a encore un autre plan, sans doute plus effrayant, sur lequel Néo n'est pas très proche de Jésus. La franchise *Matrix* insiste sur le fait que ceux qui ont pris une « pilule bleue » sont tous des ennemis potentiels travaillant pour le système, et dont des agents peuvent prendre possession à tout moment. Or ils n'en restent pas moins des spectateurs innocents. Et si Jésus s'efforçait de sauver les gens comme eux, repoussant les démons et calmant les foules, Néo les décime au gros calibre et à grands coups de circulaires sautés à la face. Néo n'est donc pas Jésus. C'est un sauveur, mais uniquement pour ceux qui demandent à être sauvés, un rédempteur, mais uniquement pour ceux (ses amis « pilules rouges ») aussi éclairés et futés que lui. Ses miracles sont le fruit de ses connaissances en programmation et de sa maîtrise du système d'exploitation qu'est la Matrice ; il manie la connaissance comme une arme. Il n'est rien d'autre qu'humain, et pas sans défauts. Mais, au moins, Néo est un véritable avatar de geek.

Les geeks fans de *comics* continuent de se quereller avec les geeks fans de cinéma pour savoir si le nom « Morpheus », hors contexte, doit être pris comme une référence au personnage de Laurence Fishburne dans *Matrix* ou au protagoniste du *Sandman*, de Neil Gaiman.

« TOUTES VOTRE BASE SONT APPARTIENNENT À NOUS. »

– CATS, JEU VIDÉO *ZERO WING*

"ALL YOUR BASE ARE BELONG TO US."

ZERO WING est un classique de ces premiers jeux vidéo importés du Japon et souvent traduits dans un anglais approximatif appelé le « japlish », un petit nom affectueux pour désigner ces dialogues réalisés à la va-vite par des entreprises trop bas de gamme ou trop fauchées. Même au regard des critères de l'époque, la traduction de *Zero Wing* était si atroce qu'elle atteignait à une forme de brio artistique dans le surréalisme. *« All your base are belong to us »*, littéralement « Toutes votre base sont appartiennent à nous ». Problème de temps, d'accord et de voix passive, le tout en sept mots. Toutefois, même dans une version mutilée, le sens sous-jacent d'une trahison en cours véhiculé par des phrases de *Zero Wing* telles que *« Somebody set us up the bomb »* (« Quelqu'un nous allument la bombe ») est douloureusement limpide, ce qui explique sans doute pourquoi tant de geeks se sont mis à utiliser cette phrase pour désigner n'importe quelle manœuvre traîtresse ou injustifiée. Elle transmet quelque chose de poétique, même si ce n'est pas intentionnel. En 2003, des adolescents de Sturgis, dans le Michigan, ont recouvert les murs de la ville du slogan *« All your base... »*, prétendument en guise de poisson d'avril revendicatif contre la guerre en Irak, conférant par là même à cette boulette de traduction une portée sociale inattendue. Pas mal pour un jeu par ailleurs assez médiocre.

À l'origine, *Zero Wing* était un jeu d'arcade au Japon (1989) avant d'être porté sur consoles Sega et ordinateurs PC quelques années plus tard.

« OH, BRAVO ! »

– DOCTEUR SAM BECKETT, *CODE QUANTUM*

"OH, BOY."

DANS LA VIE, il est essentiel de conserver la juste perspective. Si importants ou cataclysmiques que puissent nous paraître nos problèmes en un instant donné, n'oublions pas que quelqu'un d'autre est aux prises avec quelque chose qui lui semble tout aussi primordial et/ou dévastateur. C'est une notion à laquelle Sam Beckett n'est pas étranger, car si quelque chose nous conduit à voir métaphoriquement le monde par les yeux d'une autre personne, c'est bien de le voir littéralement par des yeux étrangers. Pendant cinq saisons, Sam se retrouve exilé de sa propre existence, bondissant de saut quantique en saut quantique pour débarquer dans la vie (et le corps) de malheureux disséminés tout du long du flux temporel. Après avoir découvert que son dernier saut ne le ramènerait pas chez lui, le fait que Sam ne cède ni au découragement ni au désespoir nous enseigne quelque chose. Il s'accorde un instant de répit pour lâcher un simple « Oh, bravo ! », avant de s'atteler de nouveau à la tâche de rectifier ce qui un jour est allé de travers.

Petite anecdote geek : Allan Sherman, chanteur des années soixante spécialisé dans la parodie, précurseur à ce titre de Weird Al Yankovic, et auteur de *Hello Muddah, Hello Fadduh*, a également enregistré une chansonnette intitulée *Oh Boy*, comme dans la VO de *Code Quantum*. Malheureusement, Sam Beckett et Allan Sherman n'ont jamais eu l'occasion de se rencontrer à l'écran.

« PERSONNE NE S'ATTEND À L'INQUISITION ESPAGNOLE ! »

– MONTY PYTHON'S FLYING CIRCUS

"NOBODY EXPECTS THE SPANISH INQUISITION!"

« À QUELLE VITESSE VOLE UNE HIRONDELLE AVEC UNE NOIX DE COCO ? »

– MONTY PYTHON : SACRÉ GRAAL

"WHAT IS THE AIR-SPEED VELOCITY OF AN UNLADEN SWALLOW?"

L'ABSURDE COMME SOURCE de réconfort. C'est cette formule toute simple que la bande de cintrés du Monty Python, génies de la comédie, avait mise au point en braquant son projecteur si typiquement britannique (plus précisément, britannique pour cinq mesures et américain pour une) sur toutes sortes de tableaux parfaitement déments, qu'il s'agisse d'inquisiteurs espagnols déboulant de la plus anachronique des façons dans une scène très éloignée dans l'espace et dans le temps de leur base d'origine, d'un vendeur dans une animalerie voulant à toute force convaincre son auditoire qu'un perroquet aussi raide qu'immobile n'est certainement pas mort, ou d'un chevalier noir sans bras ni jambes, affirmant sur un ton de défi ne souffrir que « d'une simple blessure ». L'empreinte de ces comiques sur le territoire de l'humour est telle que l'adjectif « *pythonesque* » a été introduit dans les dictionnaires britanniques en référence au surréalisme cinglé que leurs sketchs invitent chacun d'entre nous à libérer en soi. Lorsqu'on se lève à l'aube pour se retrouver dans les embouteillages en route vers un travail qu'on méprise et un patron qu'on déteste, on peut finir par l'oublier, mais parfois le seul moyen de reprendre le contrôle de son existence et d'en repousser les vicissitudes consiste à faire un pas de côté, à voir combien tout ça n'est qu'une farce ridicule et effarante aussi énorme que l'univers tout entier, puis à en rire à gorge déployée, que les autres pensent ou non que cela a le moindre sens. D'ailleurs, ça n'en a aucun. Et c'est ça qui est drôle.

Le *Monty Python's Flying Circus* a été diffusé sur les ondes de la BBC de la fin de 1969 jusqu'à 1974. Pour situer en contexte geek, cela correspond à l'époque Jon Pertwee dans *Doctor Who*.

« JE DIS QU'ON DOIT DÉCOLLER ET FAIRE SAUTER TOUTE LA STATION AVEC UNE CHARGE NUCLÉAIRE. »

– RIPLEY, *ALIENS, LE RETOUR*

"I SAY WE TAKE OFF AND NUKE THE SITE FROM ORBIT."

AUX YEUX DES GEEKS, la logique à l'œuvre dans les films est pour le moins frustrante. En effet, dans un film d'horreur, il est parfaitement stupide d'aller chacun son tour voir quelle peut bien être la cause de ce bruit étrange là-bas dans le noir. Cette technique n'a pas donné de bons résultats pour les cinq dernières personnes, n'est-ce pas ? De même, il est tout aussi idiot pour le grand méchant de capturer le héros intrépide et de trouver le moyen de l'enfermer dans une pièce pleine d'outils bien pratiques pour se libérer. N'importe quel méchant doté de neurones en quantité suffisante tuerait ce type d'entrée de jeu. Plus souvent qu'à leur tour, les personnages que nous propose Hollywood choisissent la voie la plus ardue, au détriment de la plus sensée. C'est pour cette raison que les opus de la saga *Alien* ont été une véritable bouffée d'air frais. Face à une colonie pénitentiaire pleine à craquer de bestioles meurtrières impossibles à arrêter, Ripley comprend à qui elle a affaire. Inutile de chercher à capturer l'un de ces aliens, ça ne marcherait pas. Ripley milite pour une approche fondée sur le principe du rasoir d'Occam : le problème se résout de façon simple, radicale et efficace. Du coup, « on décolle et on fait tout sauter depuis l'orbite avec une charge nucléaire » est devenu une expression geek pour signifier : « mettre un terme décisif à un problème épineux et potentiellement dangereux. » Un peu excessif ? Peut-être. Mais, parfois, mieux vaut être sûr.

Dans notre version personnelle de l'univers d'*Alien*, Newt, Ripley et le chat sont tous partis quelque part pour y couler des jours heureux. Ils le méritent.

« N'Y ALLEZ PAS SEULS ! PRENEZ ÇA. »

– LÉGENDE DES JEUX VIDÉO ZELDA, CONVERTIE EN MÈME LOLCAT

"IT'S DANGEROUS TO GO ALONE! TAKE THIS."

LES GENS INTELLIGENTS sont souvent sûrs d'eux et autonomes, en particulier lorsqu'il s'agit de leur(s) domaine(s) de compétence. Dans un groupe, le geek lambda est souvent la seule personne capable de résoudre certains problèmes spécialisés, voire franchement ésotériques. Ce qui ne va pas sans poser un autre problème : même si l'assurance et la compétence des geeks peuvent parfois donner lieu à une arrogance aussi détestable que déplacée, il n'en demeure pas moins que, sur des sujets particuliers, le geek est véritablement la personne la plus calée présente dans la salle. Bien sûr, cela n'empêche pas les autres de vouloir donner un coup de main, pour des résultats qui confinent souvent à l'absurde ou à l'inutile. Le geek idiot décline ces offres de service en ouvrant des yeux effarés, mais le geek sage les accueille pour ce qu'elles sont : un désir sincère de goûter à la joie geek que procure la résolution d'un problème. Et puis, on ne sait jamais : cette triple andouille pourrait bien avoir une bonne idée.

N'hésitez surtout pas à considérer ce livre comme un « petit quelque chose » qui pourrait bien se révéler utile.

« MAINTENANT NOUS SAVONS ET, LE SAVOIR, C'EST LA MOITIÉ DE LA BATAILLE ! »

– SLOGAN FINAL DE *G.I. JOE* (DESSIN ANIMÉ)

"NOW WE KNOW. AND KNOWING IS HALF THE BATTLE!"

TOUT COMME DE NOMBREUX AUTRES dessins animés des années quatre-vingts, *G.I. Joe* nous enseignait le sens de l'ironie. Chaque semaine, après avoir regardé un escadron de mercenaires, financé par des fonds privés, tirer des milliers de missiles et autres projectiles de gros calibre sur ses ennemis, il nous fallait ensuite subir un petit cours de morale, avec notamment un topo sur la nécessité de résoudre les problèmes sans recourir à la violence. Néanmoins, nous n'y voyions véritablement aucune contradiction, l'esprit geek présentant naturellement (et fort heureusement) une aptitude élevée à la compartimentalisation. Sans elle, comment ferions-nous pour maintenir l'étanchéité entre nos nombreux royaumes, et pas uniquement nos royaumes de fiction (*Fantasy*, science-fiction et jeux de rôle), mais aussi nos royaumes du monde réel, (loisirs, travail et vie sociale) ? Notre capacité à suspendre à volonté notre immersion dans le fictif, à séparer le fantasme de la réalité, est si profondément ancrée en nous que nous sommes stupéfaits de voir que les non-geeks ne pratiquent pas de même, ou qu'ils ne nous croient pas quand on leur dit qu'on peut. Serait-ce pour cette raison que nous adoptons le fantastique et le merveilleux, alors que les non-geeks les craignent ou les méprisent ?

Le hit viral que fut le diagramme camembert G.I. Joe a donné lieu à l'un des grands moments de sarcasme sur Internet. Il nous informe que « La Bataille » est composée à cinquante pour cent de savoir, à vingt-cinq pour cent de lasers rouges et à vingt-cinq pour cent de lasers bleus.

« VOLE L'AIR DÉCONTRACTÉ. »

– HAN SOLO, *LE RETOUR DU JEDI*

"FLY CASUAL!"

AUTREMENT DIT : « Ne montre jamais que tu transpires. » Ou encore : « Il ne faut avoir peur que de la peur elle-même. » Dans une tentative pour contourner un blocus impérial, au cours de laquelle il frôle le croiseur de Dark Vador de si près qu'il pourrait rayer sa peinture, le contrebandier devenu général rebelle, Han Solo, recourt à l'humour et à un doigt de fanfaronnade pour assurer à son équipage que tout va bien. Dans les mêmes circonstances, la plupart d'entre nous trembleraient ou s'écrouleraient purement et simplement. C'est pour ça que nous adorons Solo. Non pas parce qu'il ne ressent pas la même panique que nous, mais parce qu'il ne se laisse pas diminuer par elle. En fait, il y puise même des ressources supplémentaires. On vous l'accorde, la frontière est mince entre le roulage de mécanique et la stupidité, et seul le temps détermine de quel côté on se trouve au bout du compte. Quel que soit l'aphorisme dont on le pare, le sentiment exprimé par Han Solo – la décontraction face à des risques insurmontables – est non seulement ce qu'on espère voir chez ceux qui nous dirigent, mais également ce qu'on rêve de trouver au fond de nous.

De l'opinion de certains geeks, *Le Retour du Jedi* (1983) marque le moment où la saga « Star Wars » devient puante. Mais une poignée de geeks encore plus geeks surenchérit en affirmant que *L'Empire contre-attaque* signe le début de la fin. Ah ! ces geeks… Même nous, on rêve parfois de leur botter le cul.

« PLUS UNE DISCUSSION EN LIGNE DURE LONGTEMPS, PLUS LA PROBABILITÉ D'Y TROUVER UNE COMPARAISON IMPLIQUANT LES NAZIS OU ADOLF HITLER S'APPROCHE DE 1. »

– MIKE GODWIN, LOI DE GODWIN

"AS AN ONLINE DISCUSSION GROWS LONGER, THE PROBABILITY OF A COMPARISON INVOLVING NAZIS OR HITLER APPROACHES 1."

LES GEEKS ADORENT se battre, et leurs combats sont bien souvent épiques et extraordinaires. L'arrivée d'Internet n'a fait que remettre au goût du jour une très ancienne tradition geek consistant à déclencher de véritables batailles pour des vétilles. Avant le Net, ces duels prenaient la forme de discussions épistolaires interminables dans la rubrique « Courrier des lecteurs » des *comics*, pour contester tel ou tel point concernant l'univers de Cthulhu, ou Dieu sait quoi encore. Mais, avec Internet, il est également apparu que les disputes geeks suivaient systématiquement une trajectoire parfaitement prévisible. Toute controverse qui dure assez longtemps aboutit inévitablement à l'étape dite de la « terre brûlée », à partir de laquelle toute discussion devient vaine. (« Alors comme ça, le fait de préférer les films où Batman porte un costume noir plutôt que ses collants gris traditionnels est la marque indiscutable du fascisme autoritaire ? Sérieusement, boywonder953 ? Sérieusement ? ») C'est devenu un tel truisme que les commentateurs blasés, par l'odeur de la poudre avertis, citent bien souvent les nazis de manière préventive, juste pour couper court. Et il est alarmant de voir que la fraction non geek des internautes suit le même chemin. Mince, l'appel lancé en 2010 par Jon Stewart et Stephen Colbert n'était ni plus ni moins qu'une façon de demander : « Est-ce qu'on ne pourrait pas arrêter de se traiter mutuellement d'Hitler ? » Apparemment, la réponse est non.

Au moins, certains geeks se battent pour ramener le nom de Hitler du côté de la plaisanterie légère et de bon goût. Des milliers de vidéos sur YouTube montrent une scène du film *La Chute*, biographie d'Hitler, mais truffée de sujets variés, allant de la Xbox à *Twilight*.

« J'ADORE QU'UN PLAN SE DÉROULE SANS ACCROC. »

– JOHN « HANNIBAL » SMITH, *L'AGENCE TOUS RISQUES*

"I LOVE IT WHEN A PLAN COMES TOGETHER!"

HAN SOLO NOUS A MONTRÉ combien il pouvait être excitant d'improviser et d'agir à l'inspiration, mais Hannibal Smith nous a enseigné qu'œuvrer dans le long terme et jouer avec un coup d'avance n'était pas dénué d'intérêt. Et une chose est sûre, le jovial chef de l'Agence tous risques voit loin, très loin, avec ses montages en cascade de déguisements élaborés, de poursuites de voitures et d'effets pyrotechniques, qui ne donnent que plus de saveur à l'instant où il lâche sa devise exprimant sa satisfaction du travail bien fait. Comme Smith et ses équipiers nous l'ont démontré, semaine après semaine entre 1983 et 1987 (puis encore une fois en 2010), la bonne planification ne consiste pas toujours à anticiper tous les cas de figure critiques jusque dans les moindres détails, mais aussi à savoir comment réagir quand l'improbable survient. Il n'aurait peut-être pas su faire traverser les Alpes à une armée montée sur des éléphants, comme le général carthaginois à qui il a emprunté son nom, mais Hannibal n'en illustre pas moins une même vérité : plus le risque est grand, plus la préparation doit être minutieuse, et plus grande sera la satisfaction de tout voir se dérouler sans accroc.

Autres activités geeks fonctionnant sur le même principe : les dominos, les machines de Rube Goldberg, et les tournois de résolution de problèmes tels qu'*Odyssey of the Mind*.

« NE JAMAIS CROISER LES EFFLUVES. CE SERAIT MAL. »

– EGON SPENGLER, *SOS FANTÔMES*

"DON'T CROSS THE STREAMS. IT WOULD BE BAD."

LA MISE EN GARDE d'Egon à ses comparses est très probablement l'énonciation la plus flegmatique jamais faite d'un risque de se voir atomisé en un nuage de fragments infinitésimaux. Et pourtant, rien que de très commun. Aux yeux du grand public, les geeks passent pour entrer en transe à la simple évocation d'histoires pourtant vaines et sans intérêt. Des batailles épiques pour savoir lequel des X-Men est le meilleur à la joie intense qui saisit le monde des nerds chaque fois qu'est livrée une nouvelle photo prise par le télescope Hubble, tout démontre que les geeks sont des gens passionnés. Cependant, cette passion pour les trucs hors des sentiers battus occupe parfois toute la place dans notre cortex cérébral, au point qu'on en oublie de prêter attention aux choses relativement ordinaires… comme le risque d'une horrible mort violente. Après tout, la mort est un phénomène qui concerne tout le monde, elle n'a rien d'exceptionnel. Alors qu'une exoplanète en orbite à bonne distance de son étoile… voilà qui justifie au moins un ou deux points d'exclamation. Bien sûr, le corollaire de tout ça, c'est que, lorsqu'un geek indique le plus laconiquement du monde qu'une action donnée « serait mal », tous ceux qui ont la passion de leur intégrité physique et de leur survie seraient bien inspirés de tendre l'oreille.

Hé, comment les Anglo-Saxons appellent-ils une exoplanète située en zone habitable ? Vous chercherez la réponse. Considérez ça comme un exercice de geekerie.

« ENGAGEZ-VOUS DANS L'ARMÉE, RENCONTREZ DES GENS EXTRAORDINAIRES, ET TUEZ-LES. »

– STEVEN WRIGHT

"JOIN THE ARMY, MEET INTERESTING PEOPLE, AND KILL THEM."

« SA MISSION DE CINQ ANS : EXPLORER DE NOUVEAUX MONDES ÉTRANGES. »

– SÉQUENCE D'OUVERTURE, *STAR TREK*

"ITS FIVE-YEAR MISSION: TO EXPLORE STRANGE NEW WORLDS."

« JE TE DÉVISSE LA TÊTE ET JE TE CHIE DANS LE COU ! »

– SERGENT INSTRUCTEUR HARTMAN, *FULL METAL JACKET*

"I WILL GOUGE OUT YOUR EYES AND SKULLF - YOU!"

POUR LE JEUNE GEEK, la chose militaire représente un méli-mélo de sentiments contradictoires, que la phrase gag de Steven Wright synthétise assez justement. Le fait de grandir en étant abreuvé d'histoires et d'aventures épiques prédispose à une certaine forme de romantisme. Du coup, la perspective de partager une aventure avec des compagnons, ou de prendre part à un combat plus grand que nous-mêmes, est plutôt séduisante. De plus, tout ce qui est technique nous attire. Or, qui a de plus beaux gadgets que les militaires ? Pour autant, notre inclination naturelle à toujours remettre en question l'autorité, à repousser les dogmes, fait que nous renâclons à l'idée de nous soumettre à une forme ou une autre de hiérarchie, qui pourrait nous valoir de prendre nos ordres auprès de quelqu'un dont les vues sur le monde sont plus étroites et plus mauvaises que les nôtres. Ce n'est pas une coïncidence si Gene Roddenberry a changé le visage de la science-fiction en créant une histoire alliant nos différentes aspirations : *Starfleet* est une organisation de type militaire, dont la première mission est l'exploration pacifique, et l'*Enterprise* emporte un équipage tout à fait susceptible de s'opposer aux règles s'il le juge nécessaire. Et, miraculeusement, il s'avère presque chaque fois que son opposition est fondée. Dans *Star Trek*, on ne voit pas de sergent instructeur qui menace en hurlant d'arracher la tête d'une recrue, il n'y a pas non plus de prison façon Abou Ghraib. (C'est pour cette raison que *Battlestar Galactica*, série plus dure et plus brutale, a été le succès de science-fiction des années 2000, et non pas *Star Trek*.) Y aura-t-il un jour une véritable *Starfleet*, une flotte capable de s'appuyer sur une organisation militaire pour promouvoir l'accomplissement individuel dans sa sphère d'action ? D'innombrables vétérans, anciens volontaires des Corps de la paix *(Peace Corps)* disent que non. Et pourtant nos petits cœurs de geeks voudraient tellement que ce soit oui.

Le colonel Tigh, l'archétype de l'officier instructeur dans *Battlestar Galactica*, finit avec un œil arraché (comme il est promis aux recrues dans la VO de *Full Metal Jacket*). Nous sommes à peu près sûrs qu'il faut y voir une marque d'ironie.

« SAVOIR QUELLES SONT LES QUESTIONS AUXQUELLES ON NE PEUT RÉPONDRE, ET NE PAS Y RÉPONDRE, VOILÀ CE QU'IL FAUT APPRENDRE AVANT TOUT EN PÉRIODE DE TENSION ET DE CONFUSION. »

– URSULA LE GUIN, *LA MAIN GAUCHE DE LA NUIT*

"TO LEARN WHICH QUESTIONS ARE UNANSWERABLE, AND NOT ANSWER THEM: THIS SKILL IS MOST NEEDFUL IN TIMES OF STRESS AND DARKNESS."

PAR MOMENTS, les personnages de science-fiction qui dispensent leurs conseils basculent dans l'excès. Mais à d'autres ils livrent une sagesse qui nous va droit au cœur. Les geeks sont particulièrement enclins à trop réfléchir, à vouloir à tout prix trouver la logique en toutes choses et sous tous les angles, de façon à parvenir à une réponse depuis une position d'omnipotence. Si souhaitable qu'une telle situation puisse paraître, la réalité se charge généralement de l'interdire : nous vivons dans un monde où tout est à l'arrache, ce qui impose de faire des compromis et de prendre des décisions rapides. Une certaine adaptation est souvent nécessaire pour les geeks, qui préfèrent que leur monde soit logique et que leurs décisions soient infaillibles. En outre, il est bien décourageant de constater que le monde est bien plus placé sous le signe de la tension et de la nuit, que de la douceur et de la lumière. La bonne nouvelle, c'est que si quelqu'un est capable de décomposer les éléments d'une situation, puis d'en résoudre uniquement les variables sûres, c'est bien le geek. Le truc, c'est de savoir identifier la variable insoluble quand elle se présente mais, là, chacun est seul.

Un contre-pied à la position de Le Guin a été exprimé dans le domaine des mathématiques pures : l'un des théorèmes d'incomplétude de Gödel (1931) indique que tout système mathématique comprend nécessairement des énoncés relatifs aux nombres naturels qui sont vrais, mais non démontrables.

« CECI EST UNE… BAGUETTE MAGIQUE. »

– ASH, *EVIL DEAD 3 : L'ARMÉE DES TÉNÈBRES*

"THIS IS MY BROOMSTICK."

ON ADORE ASH dans *Evil Dead* et *Evil Dead 2*, mais c'est dans l'*Armée des ténèbres*, lorsqu'il joue un Américain à la cour du roi – euh… du seigneur – Arthur, qu'il donne toute sa mesure. Et si on l'adore, c'est parce que Ash est tout à la fois un geek et un dur. Il en sait plus que n'importe qui à la ronde. Il n'est guère versé dans les usages de l'époque, mais ce n'est pas grave : il se crée ses propres règles. On adore aussi la subtile critique de l'esprit geek qui transparaît dans le film. L'imprudence dont Ash fait preuve fait de lui son propre ennemi. De même, sa vie sentimentale serait bien plus riche s'il n'était pas aussi désagréable, mais ces choses-là ne l'intéressent pas non plus. À la fin, c'est sa confiance en lui, justifiée ou non, qui le rend puissant et admirable, même si certains d'entre nous ne lui ont jamais pardonné d'avoir merdé avec *« klaatu barada nikto »*. Il a perdu des points de geek sur ce coup-là.

Alerte pour le *Hall of Fame* geek : la prestation de Bruce Campbell dans le rôle d'Ash a été le point de départ d'une carrière où figurent des classiques cultes tels que *Bubba Ho-tep*, *Los Angeles 2013*, *Xena, princesse guerrière*, et *Les Aventures de Brisco County Jr.*

« LA PREMIÈRE RÈGLE DU FIGHT CLUB EST : IL EST INTERDIT DE PARLER DU FIGHT CLUB. »

– TYLER DURDEN, *FIGHT CLUB*

"THE FIRST RULE OF FIGHT CLUB IS: YOU DO NOT TALK ABOUT FIGHT CLUB."

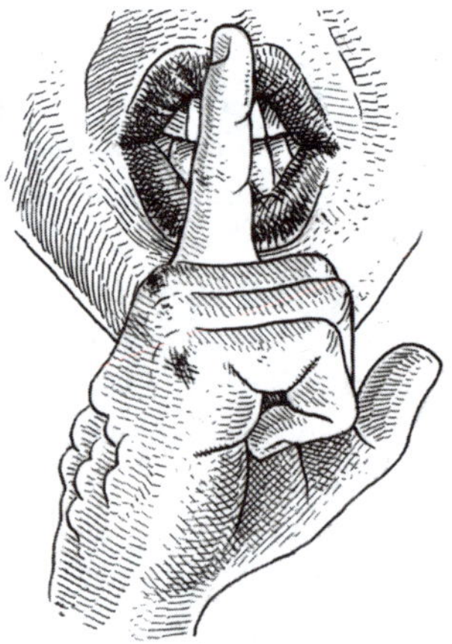

IL FAUT DIRE UN MOT en faveur de l'exclusivité. Après tout, n'avez-vous jamais eu un groupe favori qui était tout pour vous, jusqu'à ce qu'il commette le crime impardonnable d'acquérir une trop grande popularité ? N'avez-vous jamais eu un film préféré, que vous vous êtes mis à haïr le jour où tout le monde a commencé à en citer les répliques ? Facebook n'a-t-il par perdu de son lustre depuis que votre grand-tante Pauline vous a demandé comme ami ? Le *fight club* au centre du roman de Chuck Palahniuk et du film de David Fincher n'est pas tant un mouvement qu'un groupe indé dont vous voulez à tout prix qu'il reste confidentiel. Mais c'est là le problème inhérent à tout ce qui a un impact sur la société et induit un changement durable : son succès porte en lui les germes de sa dissolution. Si l'histoire nous enseigne quelque chose, c'est bien que les rebelles d'aujourd'hui sont les membres de l'*establishment* de demain, qu'ils s'appellent Fidel Castro, Kurt Cobain ou Mark Zuckerberg. Du coup, pouvons-nous vraiment reprocher à Tyler Durden de vouloir garder sous le boisseau son nouvel objet favori ?

Le roman *Fight Club* (1996) a propulsé Chuck Palahniuk au rang d'auteur majeur de fiction perturbante. Avec sa nouvelle *Guts* (« *Tripe* »), qui traite de malheureux accidents de masturbation, il est entré dans la catégorie des auteurs dont la lecture à voix haute peut provoquer des évanouissements dans l'auditoire.

« ÉCRASER SES ENNEMIS, LES VOIR MOURIR DEVANT SOI ET ENTENDRE LES LAMENTATIONS DE LEURS FEMMES. »

– CONAN, *CONAN LE BARBARE*

"TO CRUSH YOUR ENEMIES, SEE THEM DRIVEN BEFORE YOU, AND TO HEAR THE LAMENTATION OF THEIR WOMEN."

LE CARACTÈRE IMPITOYABLE du conquérant est une chose que la plupart des individus ne peuvent pas comprendre. L'homme est un être empathique. Les grandes civilisations, et ainsi les grandes réalisations humaines, sont directement liées à notre nature fondamentalement sociale. Même nous, les geeks, créatures solitaires du monde moderne, ressentons ces élans-là. Mais pas les grands conquérants. Pour Alexandre le Grand, la vie est la conquête. Pour Gengis Khan, un jour sans une ville incendiée ne vaut pas d'être vécu. Les conquêtes de Napoléon Bonaparte n'étaient pas une expansion de la Révolution française et des idéaux de l'empereur, mais le résultat d'un irrépressible besoin d'écraser les autres. C'étaient de grands hommes à leur manière, des hommes dont les hauts faits ont contribué à entretenir l'inexorable marche de l'histoire vers le monde moderne. En même temps, c'étaient des êtres soumis à des tourments que bien peu comprennent. Quand on songe aux familles brisées et aux innombrables tombes laissées dans leur sillage, sans doute faut-il se féliciter que des exemples de leur grandeur demeurent si rares.

La célèbre réplique de Conan, tirée de *Conan le barbare* (1982), ne figure pas dans les classiques de Robert E. Howard. Elle est adaptée d'une anecdote relatée dans une biographie de Gengis Khan parue en 1927, *Gengis Khan : The Emperor of All Men* (« Empereur de tous les hommes »).

« IL Y A DES JOURS OÙ ON NE PEUT PAS SE DÉBARRASSER D'UNE BOMBE. »

– BATMAN, *BATMAN* (1966)

"SOME DAYS, YOU JUST CAN'T GET RID OF A BOMB."

PERSONNE N'A JAMAIS RIEN DIT de plus vrai. Pourtant, qui pourrait imaginer que Batman puisse rencontrer des difficultés à venir à bout d'une bombe ? Il dispose tout de même d'une ceinture d'outils avec laquelle n'importe qui pourrait piloter un sous-marin, bon sang de bonsoir ! Oui mais voilà, c'est de la version avec Adam West dont nous parlons ici. De toutes les incarnations de Batman, celle-ci, avec son style « cartoonesque », a ruiné la crédibilité du sauveur de Gotham pour au moins plusieurs décennies. D'une certaine façon, il est assez réconfortant de se dire que, même si on ne peut avoir de bulles avec des effets sonores lorsqu'on sautille à petits bonds légers, au moins peut-on toujours se sentir en phase avec Batman chaque fois que se présente à nous une situation explosive difficile à désamorcer. (Au sens figuré… on espère.) Tout le monde peut comprendre que certaines situations sont trop énormes pour pouvoir être résolues. Le monde est un endroit dangereux et, superhéros ou pas, il y a des problèmes qu'on ne peut tout simplement pas effacer.

Au début des années soixante, les légendaires et cabotins Adam West et William Shatner figuraient ensemble dans le pilote d'une adaptation télévisée des aventures d'Alexandre le Grand. Hélas, l'affaire ne s'est pas faite, et nous avons eu Batman et Kirk à la place.

« REPENTEZ-VOUS ! LA FIN EST FOUTREMENT PROCHE ! »

– GRAFFITI DE SANG DANS *28 JOURS PLUS TARD*

"REPENT! THE END IS EXTREMELY F - KING NIGH!"

CE QUI ÉTONNANT dans un monde postmoderne, c'est que tout le monde s'attend à ce que chacun ait un bon mot en réserve, à caser pile au moment où les monstres attaqueront. (Si ce n'est pas le cas, réfléchissez-y dès maintenant. Nous attendrons, c'est important.) Le côté moins joyeux de cette préparation générale à l'attaque des monstres, c'est que tout le monde s'attend aussi à ce que nous soyons tous capable de gérer la situation avec la tranquille assurance de la tête d'affiche au crâne un peu dégarni d'une franchise, alors que si des hordes hideuses déboulent sur nous toutes griffes et tous crocs dehors, ce sera aussi horrible qu'on peut l'imaginer. À l'ère d'Internet, un grand nombre de « points cool » sont distribués par des gens suffisamment blasés en apparence pour plaisanter au sujet de choses authentiquement terribles : bien des mèmes ont vu le jour autour de catastrophes naturelles ou humanitaires. Si l'humour est une stratégie bien connue pour faire face à des situations difficiles, il n'y a rien de mal à s'énerver pour de bonnes raisons. Alors n'hésitez pas, allez-y et dites que c'est de la foutaise lorsque des gens ne prennent pas au sérieux des problèmes dont vous savez qu'ils sont graves. Et si on vous tombe dessus en retour, vous avez un bon mot prêt en réserve ! (La préparation aux situations d'urgence, les geeks connaissent ça.)

Le film de zombies *28 Jours plus tard* (2002) obtient des points geeks supplémentaires, en plus de ceux récoltés pour ses immenses qualités, pour compter à son générique un Christopher Eccleston qui, trois ans plus tard, allait incarner le Docteur dans la série *Doctor Who*, triomphalement relancée.

« JE NE CONNAIS QU'UNE SEULE RÈGLE, LES BÉBÉS : BON SANG, FAITES PREUVE DE BONTÉ ! »

– KURT VONNEGUT, *GOD BLESS YOU, MR ROSEWATER*

"THERE'S ONLY ONE RULE THAT I KNOW OF, BABIES - GOD DAMN IT, YOU'VE GOT TO BE KIND."

L'HOMME EST INHUMAIN envers l'homme. Voilà bien une sentence axiomatique qui synthétise notre existence. C'est l'histoire de notre passé, de notre présent, et très probablement de notre avenir. Chaque jour, le constat est confirmé, que ce soit en regardant les nouvelles, ou le dernier opus de la franchise *Saw*. Néanmoins, notre histoire est aussi remplie d'exemples stupéfiants d'hommes et de femmes ayant fait preuve d'une incroyable compassion face à des atrocités indicibles ou des conditions insurmontables. Chaque tragédie va de pair avec une histoire d'héroïsme. Pour chaque holocauste, il y a un Schindler. Les mots de Vonnegut, si simples, véhiculent une grande profondeur. L'exhortation à la bonté peut paraître aller de soi, mais être humain signifie que le bien comme le mal ne sont jamais loin. Cela ne peut pas nuire que nous soit rappelé de temps à autre lequel des deux il faut choisir.

Le roman de Vonnegut, *God Bless You, Mr Rosewater* (1965), est moins ouvertement geek que *Abattoir 5*, *Le Breakfast du champion*, et *Les Sirènes de Titan* mais, outre qu'il est tout aussi bon, quelques traits fugaces font qu'il va bien avec le reste.

« C'EST CE QUE TOUS NOUS DISONS. »

– BILL ADAMA, *BATTLESTAR GALACTICA*

"SO SAY WE ALL."

ON TIENT POUR ÉVIDENCE que tous les hommes naissent égaux. Ces mots de la Déclaration d'indépendance des États-Unis représentent un idéal formidable, à la hauteur duquel l'Amérique a mis un certain temps à s'élever. Heureusement pour la majorité d'entre nous, ces mots ont fini par s'appliquer à un cercle plus large que les hommes blancs et propriétaires fonciers. Bill Adama est le Thomas Jefferson de *Battlestar Galactica* et, fondamentalement, la série nous conte l'histoire de la formation d'une nation. Tout comme Jefferson, Adama est un homme de grande contradiction : un visionnaire supposé qui ment au sujet de sa vision (l'existence mythique de la Terre), un despote qui se révèle plus démocrate que le président démocratiquement élu qu'il sert, un dévot affirmé qui s'allie avec les objets de sa haine et finit même par les aimer. Au bout du compte, l'histoire se résume à la question de savoir si des groupes disparates – militaires et civils, humains et Cylons, et même Cylons humanoïdes et centurions robotiques – peuvent apprendre tout d'abord à se reconnaître les uns les autres en tant que peuple, puis à vivre ensemble. Et ils y parviennent. Les mots d'Adama, qui au début ne s'appliquaient qu'aux militaires sous son commandement, finissent donc par embrasser l'humanité tout entière, ainsi que les enfants de cette humanité.

Le personnage de Bill Adama est la deuxième occasion pour l'acteur Edward James Olmos d'explorer le thème des dangereux humanoïdes créés artificiellement. La première était *Blade Runner* (1982).

« MONSIEUR MCGEE, NE ME METTEZ PAS EN COLÈRE. VOUS RISQUERIEZ DE LE REGRETTER. »

– DAVID BRUCE BANNER, *L'INCROYABLE HULK*

"MISTER MCGEE, DON'T MAKE ME ANGRY. YOU WOULDN'T LIKE ME WHEN I'M ANGRY."

« PARDONNEZ-MOI SI JE RESPIRE - CE QUE D'AILLEURS JE NE FAIS JAMAIS, AUSSI, JE NE SAIS MÊME PAS POURQUOI JE VOUS DIS ÇA. OH ! BON SANG, CE QUE JE PEUX ÊTRE DÉPRIMÉ. »

– MARVIN, *H2G2 : LE GUIDE DU VOYAGEUR GALACTIQUE*

"PARDON ME FOR BREATHING, WHICH I NEVER DO ANYWAY SO I DON'T KNOW WHY I BOTHER TO SAY IT, OH GOD I'M SO DEPRESSED."

IL EST DE NOTORIÉTÉ PUBLIQUE que les geeks ont du mal à exprimer leurs émotions. C'est pour ça que Spock est devenu notre grand héros iconique : lui aussi gère la lutte confuse de ses sentiments en les enterrant sous une dévotion presque fanatique pour les calculs intellectuels et les cogitations philosophiques. Et le fait qu'il soit issu d'une race d'individus entièrement à son image nous donne l'espoir que, peut-être, nous ne sommes pas aussi pathétiques et seuls à être terrorisés par notre vulnérabilité émotionnelle que nous le pensions. La célèbre réplique du docteur Banner, tirée de la séquence d'ouverture de *L'Incroyable Hulk*, saisit parfaitement cet état d'agitation intérieure. Elle exprime ce que tout geek refoulé voudrait dire chaque fois que quelqu'un lui tape sur le système : « Je me suis fait une règle de vie de toujours rester maître de moi, et je crains que le fait de me pousser à bout puisse se révéler une expérience assez terrible. Alors pourquoi ne pas éviter d'aller aussi loin ? » Le revers de ce phénomène donne le geek cynique qui, au lieu d'enterrer toute émotion sous la raison, enterre toute reconnaissance explicite de l'idéalisme ou de la romance sous une couche protectrice de pessimisme. Comme ce geek « sait déjà tout », voyez-vous, plus rien ne lui paraît justifier le moindre début d'enthousiasme. En un mot, c'est Marvin, le robot super génial du *Guide du voyageur galactique*, de Douglas Adams : il veut que vous sachiez à quel point le monde est déprimant, parce qu'il n'a plus rien de nouveau ou d'intéressant à lui offrir. Or, c'est faux et il suffirait que Marvin accepte de s'en rendre compte, de la même manière que Spock, Banner et les autres nerds du monde entier pourraient découvrir combien il est agréable de se décoincer de temps en temps s'ils cessaient de voir leurs pulsions primitives comme autant de monstres terrifiants.

« LA VIOLENCE EST LE DERNIER REFUGE DE L'INCOMPÉTENCE. »

– HARI SELDON, *FONDATION*

"VIOLENCE IS THE LAST REFUGE OF THE INCOMPETENT."

LES INTELLECTUELS croient à la puissance de l'esprit. Recourir à la force, c'est avoir déjà perdu. C'est un noble et admirable précepte, en grande partie vrai, voire en totalité. Mais il recouvre quelque chose de plus intéressant encore. Nous avons tous tendance à considérer que notre meilleur trait de caractère représente notre « véritable force », tout comme nous sommes instinctivement enclins à penser d'une personne qui acquiesce fortement à ce que nous disons qu'elle est intelligente. Par conséquent, en tant qu'intellectuels, nous tenons la force physique pour odieuse, d'une part parce qu'elle l'est effectivement, mais aussi parce qu'il en va de notre estime de nous-même de penser que la puissance mentale est plus importante. Parallèlement, il est important de noter que, dans *Fondation*, l'*über* cérébral Isaac Asimov a délibérément élaboré une histoire dans laquelle la mise en œuvre prudente des choix d'esprits brillants et non violents suffit à triompher de toutes les menaces brutales exercées contre le pays du protagoniste. Or, cela va plutôt à l'encontre de toute l'histoire humaine. Il arrive que des peuples violents choisissent pour cibles les plus pacifistes d'entre nous, et la décision de se battre pour survivre n'implique pas que nous soyons incompétents. Dans la vie réelle, Asimov, un Juif de l'époque de la Seconde Guerre mondiale, n'a jamais dit que la force militaire n'aurait pas dû être employée contre les nazis. Pour bien saisir la portée de cette citation, il faut s'intéresser au choix lexical fait ici : non pas « l'outil » mais le « refuge ». La violence est malheureusement parfois nécessaire, mais celui qui trouve du réconfort dans son application est un bien triste être humain.

« N'ESSAIE PAS. FAIS-LE. OU NE LE FAIS PAS. IL N'Y A PAS D'ESSAI. »

– YODA, *L'EMPIRE CONTRE-ATTAQUE*

"TRY NOT. DO. OR DO NOT. THERE IS NO TRY."

YODA PRODIGUE ce conseil à Luke Skywalker pendant que celui-ci s'efforce d'arracher un X-Wing d'un marais sur Dagobah, mais il pourrait tout aussi bien s'adresser à Thomas Edison au moment où l'idée de la lampe à incandescence commençait à germer dans son esprit. Il aurait aussi pu tenir les mêmes propos à Michael Jordan, pendant que le jeune athlète se préparait pour son premier match à la fac, ou encore à vous-même juste avant un entretien pour solliciter une augmentation. Bien trop souvent, la crainte que nous avons de tomber à coup sûr dans nos travers habituels nous inhibe au point de ne même pas tenter d'atteindre nos objectifs. Ce faisant, nous révisons de nous-mêmes à la baisse nos aspirations, de sorte que si nous ne réussissons pas, au moins nous n'échouons pas complètement non plus. Si parfois les efforts que nous déployons dans un travail constituent une forme de récompense en eux-mêmes, reconnaissons qu'à d'autres moments c'est la réussite de l'entreprise qui fait toute la valeur de l'effort. Donc, ne cherchez pas de bonnes raisons pour ne pas faire une chose. Allez-y et faites en sorte qu'elle se réalise.

Nike n'a pas la sagesse de Yoda, mais ses slogans commerciaux sont très efficaces.

« RAYMOND SHAW EST LE TYPE LE PLUS COURAGEUX, LE TYPE LE PLUS GÉNÉREUX QUE J'AIE CONNU JUSQUE-LÀ. »

– BENNETT MARCO, *UN CRIME DANS LA TÊTE*

"RAYMOND SHAW IS THE KINDEST, BRAVEST, WARMEST, MOST WONDERFUL HUMAN BEING I'VE EVER KNOWN IN MY LIFE."

« TU PRENDS LA PILULE BLEUE, L'HISTOIRE S'ARRÊTE LÀ. TU TE RÉVEILLES DANS TON LIT ET TU CROIS CE QUE TU VEUX. TU PRENDS LA PILULE ROUGE, TU RESTES AU PAYS DES MERVEILLES ET JE TE MONTRE JUSQU'OÙ VA LE TERRIER. »

– MORPHEUS, *MATRIX*

"YOU TAKE THE BLUE PILL, AND THE STORY ENDS; YOU WAKE IN YOUR BED AND YOU BELIEVE WHATEVER YOU WANT TO BELIEVE. YOU TAKE THE RED PILL, AND YOU STAY IN WONDERLAND AND I SHOW YOU HOW DEEP THE RABBIT HOLE GOES."

NOS CERVEAUX sont en permanence soumis à des formes d'endoctrinement. Pas nécessairement dans le cadre d'actions menées par les communistes (comme dans la version de 1962 du film *Un Crime en tête*) ou une entreprise multinationale (comme dans le remake de 2004), mais par les éléments de langage. Après tout, qu'est au juste la description de son compatriote en temps de guerre, implantée dans l'esprit de Ben Marco par une sinistre cabale sino-russe, et qu'il rabâche jusqu'à la nausée, sinon l'expression de ces éléments de langage qui saturent en permanence la médiasphère ? Ils prouvent que le débat est cadré et tranché bien avant que chacun puisse se forger une véritable opinion. Ils nous disent quoi penser sans qu'on ait à faire le travail pour aboutir par nous-mêmes à une conclusion. Que l'on parle de Raymond Shaw, des armes de destruction massive ou du « tribunal de la mort » évoqué par Sarah Palin au sujet de l'Obamacare, le risque est que les éléments de langage finissent par être si implantés en nous à force d'être martelés que nous en perdions la capacité de voir la réalité tapie juste en dessous. Heureusement, Bennett Marco parvient à vaincre son conditionnement à temps pour donner à son histoire un semblant de *happy end*. Même chose avec Néo, qui a besoin du symbolisme de la pilule rouge de Morpheus, bien plus que de la pilule elle-même. Comme a dit Confucius : « Un voyage de mille lieues commence toujours par un premier pas. » Plus précisément, il commence par la décision de faire ce premier pas, même quand les conséquences de ce choix demeurent inconnues.

« JE SUIS LE MEILLEUR DANS MA PARTIE, MAIS CE QUE JE FAIS N'EST PAS TRÈS JOLI. »

– WOLVERINE, *X-MEN*

"I'M THE BEST THERE IS AT WHAT I DO. BUT WHAT I DO ISN'T VERY NICE."

L'AUTEUR CHRIS CLAREMONT a jeté cette phrase sur le papier en 1982, et conféré ce faisant à Wolverine le statut d'icône geek, bien avant que Hugh Jackman n'en fasse une idole au cinéma. Cette épigraphe fait référence aux capacités létales du personnage avec les griffes de ses poings, mais elle pourrait tout aussi bien s'appliquer à Han Solo tirant sur Greedo (en premier !), Dirty Harry brutalisant le Scorpion, ou John Bender baratinant le principal Vernon. C'est pour ça que nous adorons nos antihéros : ils font ce que nous rêverions de faire, et disent ce que nous rêverions de dire. Dans la fiction, si ce n'est dans la vie, les antihéros nous offrent un défouloir pour évacuer toute la frustration que génèrent en nous les contraintes d'une société policée. De manière tacite, nous acceptons l'idée que, s'ils ne se conforment pas aux règles du droit ou (dans le cas de Bender) de la politesse, leur code personnel n'en est pas moins « pur ». Ce que fait Wolverine n'est certes pas très joli, mais il y a un complément implicite qui doit s'ajouter : « Mais il faut que quelqu'un le fasse. »

Petit exercice de geekerie : trouvez le plus grand nombre possible de rimes multisyllabiques au nom « Wolverine. » Un bonus pour un sonnet complet.

« IL NE PEUT EN RESTER QU'UN. »

– KURGAN, *HIGHLANDER*

"THERE CAN BE ONLY ONE."

AU TEMPS où les jeux vidéo n'étaient guère plus que des carrés tirant sur d'autres carrés, *Highlander* nous a offert par procuration le concept ultime en matière de jeu de rôles en prises de vue réelles. Les personnages du film et de la série télé, trop superficiels pour la plupart pour être autre chose que des archétypes ou des caricatures, réveillent une pulsion viscérale présente en chacun de nous, un désir fou et inassouvi de renouer avec l'individualisme brut et romantique des premiers jours. Ces guerriers obstinément primitifs et furieusement machos n'ont jamais cherché à se regrouper ou à constituer leur propre société. De même, ils n'ont eu aucune influence sur la société dans son ensemble, alors que, d'un point de vue réaliste, la présence d'un sous-groupe humain en son sein aurait dû affecter le monde de mille façons. Non, ils sont demeurés fidèles à l'épée à l'époque du Glock, et ont continué de respecter leurs règles franchement absurdes – par exemple, pas de combat sur un sol sacré – uniquement parce qu'agir autrement reviendrait à trahir l'esprit. Au bout du compte, peu importe que l'histoire ait un sens, et d'ailleurs le plaisir ne serait pas le même si c'était le cas. Qui ne rêve pas en secret de pouvoir manier une épée, que ce soit au cours d'une reconstitution historique de la SCA (Society for Creative Anachronism) ou simplement lors d'une mauvaise journée au boulot ?

À en croire certaines sources, un ami d'un ami à nous aimerait citer une autre réplique de *Highlander* au beau milieu de ses coïts : « Ce que tu ressens est l'accélération. » Ça, c'est la geekerie sous sa forme la plus « chelou ». À ne pas faire.

« ENLÈVE TES SALES PATTES DE SINGE DE MOI. »

– COLONEL GEORGE TAYLOR, *LA PLANÈTE DES SINGES*

"TAKE YOUR STINKING PAWS OFF ME, YOU DAMN DIRTY APE."

IMAGINEZ UN INSTANT que vous êtes le colonel George Taylor. Vous venez de vous éveiller d'une longue sieste de deux mille ans au terme d'un voyage dans l'espace, pour découvrir que de toutes les planètes de l'univers sur lesquelles vous auriez pu atterrir, vous êtes arrivé pile sur celle où des singes intelligents aiment à chasser l'humain pour le plaisir. Mais les choses ne s'arrêtent pas là. En très peu de temps, vous êtes touché à la gorge, enfermé dans une cage, battu et brûlé. Vous êtes contraint de vous accoupler devant des spectateurs comme si vous étiez un animal, puis menacé d'émasculation. Vous voyez vos compagnons astronautes empaillés et exposés dans un musée. Vous êtes fouetté, traîné par terre par des chevaux et bombardé de fruits. Enfin, comble de l'indignité, vous êtes pris dans un filet et soumis à la raillerie et aux pincements d'une foule simiesque. Sincèrement, les deux dernières semaines n'ont pas été bonnes. Que diriez-vous après tout ça ? Ouaip. Se défendre a du bon, pas vrai ?

« DRÔLE DE JEU, OÙ POUR GAGNER IL NE FAUT PAS JOUER. »

–JOSHUA, *WARGAMES*

"A STRANGE GAME. THE ONLY WINNING MOVE IS NOT TO PLAY."

EN BOUDDHISME ZEN, il existe un mot, un concept, « Mu », bien difficile à traduire dans une autre langue. C'est la réponse que donne un moine zen à une question à laquelle aucune réponse profonde ne peut être donnée. Ce mot indique que les prémisses de la question ne sont pas vraies, qu'il existe un état de vide au-delà du oui et du non, que celui qui a posé la question devrait la retirer. En fait, que quiconque sur le point de formuler cette interrogation serait mieux inspiré de remettre en question l'intégralité de ses points de vue sur l'existence. Si ce mot n'est jamais prononcé dans *Wargames*, le thriller politique et informatique pour adolescents de 1984, cette idée est au cœur du conflit autour duquel s'articule le scénario : un nouveau superordinateur du Pentagone qui commande les codes de mise à feu nucléaire du pays se retrouve mêlé à une implacable simulation de jeu de guerre en tentant de répondre à la question : « Comment les États-Unis peuvent-ils gagner une guerre nucléaire ? » Nous savons tous que la question est biaisée. La théorie de la course aux armements de la guerre froide, dite de « l'équilibre de la terreur », postule que, dans un monde où s'affrontent deux superpuissances, l'énormité de leurs arsenaux respectifs vise précisément à dissuader tout recours à l'arme nucléaire. Mais en 1984, lorsque les réseaux informatiques étaient encore nouveaux et exotiques, il paraissait raisonnable de s'inquiéter qu'une intelligence artificielle puisse commencer à lancer des missiles à partir du résultat non humain d'un algorithme. Bien sûr, l'ordinateur finit par trouver son zen. Et vous, savez-vous dire quand il est temps de vous retirer d'un plateau de jeu déficient ?

Les premières années de la carrière de Matthew Broderick sont intégralement placées sous le signe de la paranoïa nucléaire : *Wargames* pour commencer, puis *Project X* (1987), dans lequel des chimpanzés de laboratoire sont soumis à des rayonnements inhumains.

V.

DES MILLIARDS ET DES MILLIARDS

BILLIONS AND BILLIONS

(L'UNIVERS)

« TOUS CES MONDES SONT À VOUS – SAUF EUROPE. N'ESSAYEZ PAS DE VOUS Y POSER. »

– ARTHUR C. CLARKE, *2010 : ODYSSÉE DEUX*

"ALL THESE WORLDS ARE YOURS, EXCEPT EUROPA. ATTEMPT NO LANDING THERE."

« UN CAPITAINE LIÉ PAR LE SERMENT À LA FÉDÉRATION DOIT SACRIFIER, ET SA VIE, ET CELLE DE SON ÉQUIPAGE, PLUTÔT QUE DE FAILLIR À LA RÈGLE D'OR INITIALE. »

– JAMES T. KIRK, *STAR TREK, « NOUS, LE PEUPLE »*

"A STARSHIP CAPTAIN'S MOST SOLEMN OATH IS THAT HE WILL GIVE HIS LIFE, EVEN HIS ENTIRE CREW, RATHER THAN VIOLATE THE PRIME DIRECTIVE."

LA TERRE NE SERA PAS TOUJOURS le seul havre où l'humanité pourra se reposer. En supposant que nous ne finissions pas par nous détruire nous-mêmes, nous découvririons un jour que nous pouvons gagner des lieux dont seuls les geeks avaient jusqu'alors rêvé. Vu comment l'homme s'en est tiré avec sa sphère bleue au cours de quelque cinq mille ans d'histoire connue, le message donné par Arthur C. Clarke (par l'intermédiaire des entités qui contrôlent ses mystérieux monolithes), nous invitant à ne pas aller fouler des sols où la vie existe déjà, semble pour le moins fondé. Car, voyez-vous, Europe est un endroit spécial. Aucun autre corps céleste de notre système solaire n'a une meilleure chance d'abriter la vie que cette lune de Jupiter recouverte de glace. Grâce à notre esprit, notre intelligence et notre capacité d'innovation, nous avons conquis le droit d'aller poser le pied ailleurs. Mais avons-nous le droit d'interférer avec la vie ailleurs que sur Terre ? Une vie qui en serait encore à faire ses premiers pas sur le chemin de l'évolution ? Compte tenu de nos antécédents, il est difficile de répondre par l'affirmative. Gene Roddenberry a étendu ce concept bien au-delà d'Europe pour couvrir l'intégralité de la galaxie. Dans *Star Trek*, en vertu de la Directive première, les officiers de Starfleet ne doivent pas interférer avec le développement naturel des espèces extraterrestres technologiquement moins développées. Et si le capitaine Kirk a contourné la directive, au prix de quelques contorsions, aussi souvent qu'il l'a respectée, son succès en la matière semble être l'exception qui confirme la règle.

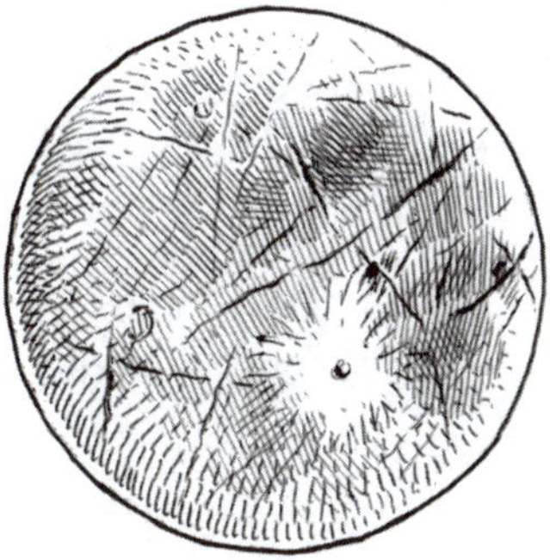

Europe est la sixième lune de Jupiter. C'est Galilée qui l'a découverte (voir page suivante). Elle possède une atmosphère composée d'oxygène. La NASA et l'Agence spatiale européenne espèrent lancer une mission conjointe sans équipage aux alentours de 2020, histoire d'aller voir de plus près.

« LA NATURE EST UN LIVRE ÉCRIT EN LANGAGE MATHÉMATIQUE. »

– GALILÉE, *L'ESSAYEUR*

"THE BOOK OF NATURE IS WRITTEN IN THE LANGUAGE OF MATHEMATICS."

OUI, IL Y A DES FORMES géométriques dans les cristaux, des fractales dans les légumes et des équations chaotiques dans les modèles climatiques. Nous comprenons tout ça. Mais Galilée s'intéressait à quelque chose d'encore plus profond : l'idée que la nature elle-même pouvait être lue et résumée, exactement comme un livre ou toute autre source intelligible d'information, et non pas simplement tenue pour inaccessible à l'entendement humain. Bien sûr, c'est précisément ce qui lui a valu quelques ennuis avec l'Église catholique, championne autoproclamée dans la lutte vieille comme le monde opposant l'esprit à la raison, ou, plus précisément, la politique aux faits. Il y a ce quelque chose d'indéfinissable dans la nature du geek qui tient ces distinctions pour de fausses dichotomies, et avance que la raison informe l'esprit, et que la politique doit se fonder sur les faits. Malheureusement, la société n'est pas aussi rationnelle, comme Galilée a pu s'en rendre compte après son procès et son assignation à résidence par l'Inquisition. Pour autant, c'est l'insistance toute geek avec laquelle Galilée voulait établir qu'il avait raison, et le fait qu'il ait été prêt à mourir pour ça – mais aussi le fait même qu'il avait raison, ce qui n'est pas rien – qui ont contribué à faire du monde un endroit plus sûr pour les geeks. Pour tout ça, et ses avancées scientifiques, il mérite nos louanges.

Le manifeste scientifique de Galilée, *L'Essayeur* (1623), a d'abord été écrit comme une charge contre l'astronome jésuite Orazio Grassi. Avec cet ouvrage, Galilée a énervé un certain nombre d'érudits jésuites qui, sans cela, l'auraient sans doute soutenu lors de son bras de fer contre l'Église. Troller : dangereux depuis 1623.

« À UN NOUVEAU MONDE DE DIEUX ET DE MONSTRES ! »

– DOCTEUR PRETORIUS, *LA FIANCÉE DE FRANKENSTEIN*

"TO A NEW WORLD OF GODS AND MONSTERS!"

EN PORTANT UN TOAST à sa création imminente d'une compagne pour le monstre du docteur Henry Frankenstein, Septimus Pretorius parvient à peine à dissimuler la joie que lui procure le fait de franchir la ligne rouge entre les lois humaines et les lois divines. Il anticipe le monde nouveau qui devrait voir le jour quelques années en aval, né dans le creuset de la science, un monde dans lequel la capacité de l'homme à dompter la puissance de l'atome l'élèvera à la divinité, avant que le déchaînement de cette puissance le renvoie à l'état de monstre. La leçon toute simple livrée par Pretorius, et par Frankenstein avant lui, porte sur la nécessité dans laquelle se trouve l'homme de parvenir à un équilibre entre sa soif de connaissance : « quoi », « comment » et, même, « pourquoi », et les conséquences de cette connaissance : « et ensuite ». Rien n'est plus simple que d'expliquer l'attrait qu'exerce l'histoire immortelle de Mary Shelley (et du célèbre film qui en a découlé) mais, malheureusement pour nous, pas au point que nous ayons retenu l'enseignement qu'elle contient.

En dépit de ses qualités, *La Fiancée de Frankenstein* (1939) aurait pu sombrer dans l'oubli en tant que suite inutile d'un classique qui se suffisait à lui-même, n'eût été la force incroyable des images. L'iconique coiffure de la fiancée, une choucroute béton gigantesque, lui assure la postérité.

« LE GRAPPIN EST NOTRE MAÎTRE. IL CHOISIT CEUX QUI S'EN VONT ET CEUX QUI RESTENT. »

– POUPÉES EXTRATERRESTRES À L'INTÉRIEUR DU DISTRIBUTEUR, *TOY STORY*

"THE CLAW IS OUR MASTER. THE CLAW DECIDES WHO WILL GO AND WHO WILL STAY."

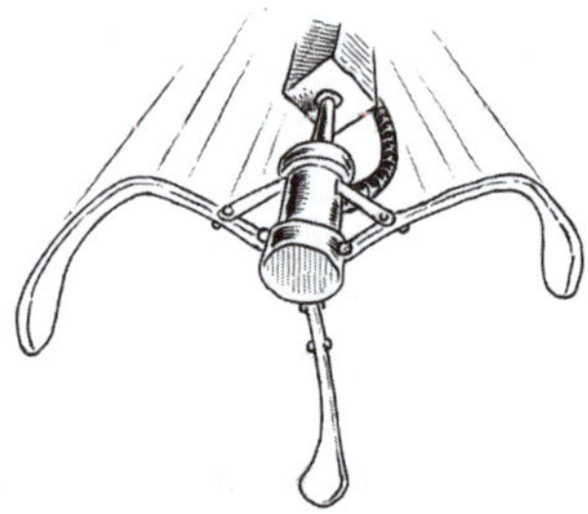

RÉGULIÈREMENT, ON tombe sur quelqu'un qui semble n'avoir absolument pas compris comment les choses fonctionnent. Il s'assoit à côté de vous au cinéma, tente à voix haute de deviner l'intrigue (en se trompant), et s'esclaffe des scènes drôles trois répliques avant la chute. En règle générale, c'est un problème de perspective qui explique le phénomène. Les poupées extraterrestres coincées dans le distributeur ne perçoivent rien de l'immensité du monde, faute d'une perspective sur l'extérieur. Et même si on rit d'elles, elles nous serrent le cœur. Leur myopie résulte de circonstances qui leur échappent complètement : elles sont victimes de leur destin de jouets. Il est tentant de rejeter ceux dont les vues diffèrent des nôtres au point de nous mettre mal à l'aise en société. Cependant, n'oublions pas que chacun est victime des circonstances d'une façon ou d'une autre. Et sous la férule du Grappin, il est bien difficile de voir correctement le vaste univers.

Le Grappin, Claw en VO, ne doit pas être confondu avec le docteur Gang, Dr Klaw en VO, un méchant dans *L'Inspecteur Gadget*, auquel le légendaire Frank Welker prête sa voix, ainsi qu'à Mégatron, Baby Kermit la grenouille, et Fred de *Scooby-Doo*.

« MAINTENANT, JE SUIS DEVENU LA MORT, LE DESTRUCTEUR DES MONDES. »

–J. ROBERT OPPENHEIMER, CITANT / TRADUISANT *LA BHAGAVAD-GITA*

"NOW I AM BECOME DEATH, THE DESTROYER OF WORLDS."

IMAGINEZ-VOUS être au cœur de la mise au point d'une puissance capable de souffler des dizaines de milliers de vies en un instant. Pas de la façon fantasmée par les geeks dans leurs rêves de domination du monde, mais d'une façon réelle, tangible, pleine de feu, de cadavres et d'horreur. Le 16 juillet 1945, lors de l'opération Trinity, le premier essai d'une bombe nucléaire, Oppenheimer comprend qu'il a aidé à mettre au monde une puissance effrayante au point d'en paraître divine, d'où sa citation de Vishnou, le dieu suprême d'une branche de l'hindouisme, le vaishnavisme. Ainsi l'Amérique avait fait sienne une puissance colossale et mis sur ses épaules une responsabilité si vaste que rares sont ceux capables d'en prendre la mesure. Depuis quelques années, des écrivains de science-fiction mettaient en garde contre les risques d'un holocauste atomique mais, du jour où leurs spéculations devinrent réalité, le monde fut transformé. Debout sur le troisième caillou à partir du soleil, nous restions des animaux, mais avec de quoi faire sauter ce caillou tout entier. Oppenheimer n'avait pas besoin que Stan Lee lui dise ce qu'implique un aussi grand pouvoir.

Cette phrase est devenue l'une des citations les plus « cliché » en science-fiction. L'autre est : « Contemplez mes œuvres, ô puissants, et désespérez », de Percy Shelley.

« LE COSMOS EST AUSSI EN NOUS. NOUS SOMMES FAITS DE POUSSIÈRE D'ÉTOILES. »

– CARL SAGAN

"THE COSMOS IS ALSO WITHIN US. WE'RE MADE OF STAR STUFF."

« NOUS SOMMES TOUS CONNECTÉS, À L'AUTRE, PAR LA BIOLOGIE, À LA TERRE, PAR LA CHIMIE, ET PAR LES ATOMES À L'UNIVERS TOUT ENTIER. »

– NEIL DEGRASSE TYSON

"WE ARE ALL CONNECTED: TO EACH OTHER, BIOLOGICALLY; TO THE EARTH, CHEMICALLY; TO THE REST OF THE UNIVERSE, ATOMICALLY."

CÉLÈBRE POUR SON AGNOSTICISME, Carl Sagan nous emportait avec lui dans sa quête de Dieu, menée jusqu'aux confins extrêmes de l'univers. De temps à autre, il revenait nous livrer le fruit de ses recherches. Nous sommes insignifiants, mais aussi magnifiques. La vie humaine et la Terre elle-même font partie du cycle de la naissance et de la mort des étoiles. D'une certaine manière, tout seul comme un grand, Sagan menait une lutte contre l'intrusion actuelle du créationnisme, du dessein intelligent et des autres efforts menés par les religions pour minimiser l'importance de la science, en proposant à la place un spiritualisme tout aussi puissant : la prise de conscience de notre place dans l'univers physique. Il nous faisait sentir la passion et l'humilité qu'il éprouvait devant les découvertes en astronomie. À l'aide des technologies les plus récentes, il nous montrait les miracles à l'œuvre à tout moment à la limite extrême de notre vision télescopique. Pour un certain nombre de geeks, et de non-geeks, il était le seul prêtre dont le catéchisme avait un sens, et dont le temple, la voûte des cieux, devint la seule chapelle digne d'être adorée.

La phrase iconique de Sagan, « des milliards et des milliards » – d'étoiles, bien sûr –, est une autre de ces formulations que les fans ont retenues parmi plusieurs choses que leur héros a plus ou moins dites. Sagan la répétait fréquemment, et ceci explique cela.

« L'OBJECTIF EST NOBLE DE VOULOIR QUE LA SCIENCE SOIT DÉCONNECTÉE DE LA POLITIQUE, DE TOUTE CULTURE ET DE TOUT FAIT SOCIAL. MAIS CE N'EST PAS POSSIBLE, CAR LA SCIENCE EST MENÉE PAR DES GENS QUI PORTENT EN EUX TOUTES CES CHOSES. »

– MAE JEMISON

"IT'S A NOBLE GOAL THAT SCIENCE SHOULD BE APOLITICAL, ACULTURAL, AND ASOCIAL, BUT IT CAN'T BE, BECAUSE IT'S DONE BY PEOPLE WHO ARE ALL THOSE THINGS."

« ET QUI BRISE QUELQUE CHOSE POUR DÉCOUVRIR CE QUE C'EST A QUITTÉ LA VOIE DE LA SAGESSE. »

– GANDALF, *LE SEIGNEUR DES ANNEAUX*

"HE WHO BREAKS A THING TO FIND OUT WHAT IT IS, HAS LEFT THE PATH OF WISDOM."

L'EXISTENCE DES GEEKS prouve que la science ne pourra jamais n'être que la science. Les geeks sont des fans de science. Nous l'adorons, nous la célébrons, nous la chérissons et nous sommes disposés à la défendre jusqu'à la mort, avec parfois une ferveur confinant au fanatisme. Mais c'est une nécessité, car tous les fans de science ont une Némésis commune : l'anti-intellectualisme, si répandu aujourd'hui dans une bonne part de la société américaine. Compte tenu de l'influence de cette tendance sur l'éducation, la religion, la politique, les médias, et tant d'autres domaines, il est bon que nous soyons nombreux dans le camp de la science. Elle a bien besoin de quelques soutiens.

En même temps, il est important de bien faire attention à qui se lie d'amitié avec elle.

Au début des années quarante, les nazis ont entrepris, sur des humains prisonniers dans leurs camps de concentration, des expériences qui aujourd'hui encore glacent le sang. Des parties du corps, des os et des muscles, leur furent retirées sans anesthésie. Pour étudier les effets du gel sur l'homme, certaines victimes furent contraintes de rester jusqu'à l'agonie dans des bacs d'eau glacée. Des milliers de personnes furent empoisonnées, gazées ou brûlées avec le phosphore de bombes incendiaires. Ceux qui en sortirent sans mutilation ni handicap – et quantité d'estropiés avec eux – furent par la suite assassinés pour permettre aux scientifiques nazis d'étudier les effets de leurs expériences *post-mortem*. Bien peu contestent l'horreur indicible et inhumaine de ces expériences barbares, mais *a posteriori* elles ont placé l'humanité devant un dilemme : est-il éthique d'utiliser les données qu'elles ont permis de collecter ?

Considérons donc la distinction qu'établit Gandalf entre la connaissance et la sagesse. Elles ne s'excluent pas l'une l'autre, et elles ne sont pas identiques. La science nous apporte l'une. Elle peut aussi nous apporter l'autre si nous sommes attentifs.

"NOPE."

– INTÉGRALITÉ DU CONTENU DU SITE
WWW.HASTHELARGEHADRONCOLLIDERDESTROYEDTHEWORLDYET.COM
(« LE GRAND COLLISIONNEUR D'HADRONS A-T-IL DÉTRUIT LA PLANÈTE »)

"NOPE."

ON PEUT AVOIR de bonnes raisons de craindre la science. Certes, elle nous apporte des bienfaits : allongement de l'espérance de vie et amélioration des conditions d'existence, maîtrise de la production alimentaire pour des milliards de personnes, production d'énergie hydraulique et éolienne, mais la médaille a un revers. Des expériences identiques à celles de l'étude de Tuskeegee sur la syphilis ont été menées au Guatemala. Les premiers essais nucléaires ont eu pour conséquences, par exemple, l'irradiation de zones entières telles que l'atoll de Bikini, avec son lot de décès, de fausses couches et de difformités au sein des populations. Les premières pseudosciences, telles que la phrénologie et l'eugénisme, ont fait plus pour le fanatisme que pour la connaissance. La science est un outil comme n'importe quel autre, susceptible lui aussi d'être mis au service des objectifs les plus vils. Le grand collisionneur d'hadrons ne relève toutefois pas de cette catégorie. Les angoisses suscitées par sa mise en service ont surtout été le fait des médias et d'amateurs peu éclairés. Risquait-il de créer un trou noir capable de consumer la planète ? Euh… non. Et si un grand nombre de geeks bien informés ont trouvé l'affaire hilarante, la réaction du grand public était aussi prévisible qu'évitable compte tenu des antécédents. Si les scientifiques veulent éviter l'hystérie à l'avenir, il va leur falloir améliorer leur communication avec le monde. Plus facile à dire qu'à faire, certes, mais enfin, un petit effort, gens de science. Vous êtes censés être futés.

La chose extraordinaire avec ce site, c'est qu'il ne contient qu'un seul mot. Mais, plus extraordinaire encore, il serait tout aussi efficace sans aucun mot.

« LA RÉALITÉ N'EST QU'UNE ILLUSION, MAIS UNE ILLUSION TRÈS PERSISTANTE. »

– ALBERT EINSTEIN

"REALITY IS MERELY AN ILLUSION, ALBEIT A VERY PERSISTENT ONE."

POUR PRODUIRE UNE PENSÉE qui sorte des sentiers battus, il faut d'abord oublier qu'il y a des sentiers battus. Notre réalité est infiniment plus complexe et radicalement étrange que nous le pensons. Compte tenu du caractère invasif des tracas quotidiens, on peut finir par oublier que notre monde n'est pas fait de semaines de quarante heures de travail, de factures à payer et de pelouses à tondre – même si, bien sûr, ces choses-là sont réelles –, mais bien plutôt constitué de neutrinos si infimes que cela tient du miracle, qui traversent nos corps par milliards, d'amas galactiques immenses au-delà de l'imagination humaine, de particules capables d'ubiquité, et de lois universelles apparemment magiques qui régissent les mouvements des atomes invisibles aussi bien que ceux des étoiles lointaines. À petite ou à grande échelle, les choses de notre monde s'assemblent pour créer un cosmos qui peut paraître banal à nos yeux prosaïques, mais qui pourtant fonctionne sous la forme d'une imbrication de fonctions complexe et pratiquement incompréhensible. Alors où est la réalité ? Dans notre perception empirique au quotidien, ou dans l'invisible des modèles micro et macroscopiques ? Bien entendu, la réponse est « oui ».

L'histoire selon laquelle Einstein avait une garde-robe constituée de multiples exemplaires d'un même costume pour ne pas gaspiller d'énergie mentale à choisir une tenue est une légende urbaine. Mais elle est si populaire que les auteurs de Marvel Comics se sont dit que Bruce Banner pourrait imiter Einstein. C'est donc ainsi qu'ils justifient que Hulk soit si souvent représenté avec un pantalon violet.

« LA CUILLÈRE N'EXISTE PAS. »

– GARÇON À LA CUILLÈRE, *MATRIX*

"THERE IS NO SPOON."

DE TOUTES LES PERSONNES qui s'efforcent de faire comprendre à Néo ce qui se passe dans le film *Matrix*, c'est l'enfant plieur de cuillères qui s'approche le plus d'un résultat en expliquant que le monde est malléable car il n'est pas réel. C'est un peu décourageant pour un homme extrêmement investi dans les réalités de son monde connu, mais cette vérité fondamentale apparaît à Néo à un moment clé. Nous avons tous été le destinataire d'un tel message : à un moment de doute, où nous sommes un peu perdus, quelqu'un nous dit quelque chose qui semble tout à la fois aller à rebours de ce que nous voulons entendre, mais aussi être inutile au point de friser l'incohérence. Pour autant, le conseil que nous ne voulons pas entendre n'est pas forcément mauvais. Si même Néo peut comprendre ça – waouh ! –, alors nous le pouvons aussi.

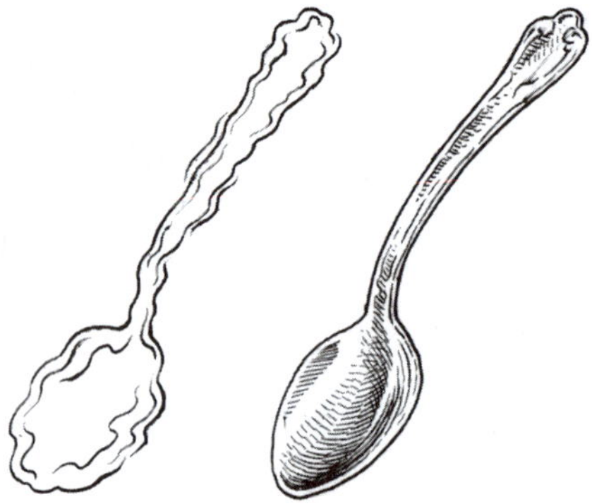

Dans les années soixante-dix, les cuillères tordues de manière inexplicable sont devenues un marqueur visuel des phénomènes prétendument paranormaux, pendant le boom des études sur les perceptions extrasensorielles, sous l'impulsion d'Uri Geller, détenteur autoproclamé d'une faculté de psychokinésie.

« CUILLÈRE ! »

– SUPER ZÉRO, *SUPER ZÉRO*

"SPOON!"

APPAREMMENT, QUAND C'EST PAS L'UNE, c'est l'autre. Celle-là et celle-ci représentent toutes deux un même objet anodin, mais dans deux contextes distincts. (Dommage ! mais un combat Super Zéro *vs* Néo, voilà sans doute l'une des plus grandes occasions ratées de l'histoire du cinéma.) Étonnamment, ce cri de guerre a plus en commun avec l'aphorisme plus ou moins zen de *Matrix* qu'on ne pourrait le croire de prime abord. En effet, le monde de Super Zéro est lui aussi globalement imaginaire : un espace mental impénétrable et satisfait de lui-même. Dans le monde réel, Super Zéro est probablement moins un justicier costumé que votre chef de bureau, incapable de comprendre le dossier en cours mais motivé comme tout par la question (et plus que disposé à s'en adjuger le mérite si les résultats sont bons). Comme vous ne pouvez pas faire grand-chose pour vous en débarrasser, autant le voir comme le crétin qui hurle « Cuillère ! » Ça vous évitera de fondre un fusible et de lui agrafer la main.

« NOUS NE DÉCHIFFRONS PAS DE CARTES POUR EXHUMER UN TRÉSOR, ET UN X N'A JAMAIS, JAMAIS MARQUÉ SON EMPLACEMENT. »

– INDIANA JONES, *INDIANA JONES ET LA DERNIÈRE CROISADE*

"WE DO NOT FOLLOW MAPS TO BURIED TREASURE, AND X NEVER, NEVER MARKS THE SPOT."

ANDRÉ GIDE A DIT UN JOUR : « L'homme ne peut découvrir de nouveaux océans tant qu'il n'a pas le courage de perdre de vue la côte. » Steven Spielberg a mis dans la bouche d'Indiana Jones la réfutation ci-dessus des stéréotypes de l'archéologie, accompagnée d'un clin d'œil à destination de son public, mais il n'en demeure pas moins qu'elle transmet une vérité : de grandes découvertes peuvent être réalisées de façon inattendue. Parfois, il suffit de relever la tête de ses cartes suffisamment longtemps pour les remarquer. C'est une vérité que ce bon docteur Jones incarne tout au long d'une vie d'aventures trépidantes, qu'il ne va jamais chercher mais qui s'arrangent toujours pour le trouver. Qu'il soit sur la trace de l'arche de Moïse, de la coupe de Jésus ou du crâne d'un alien, c'est toujours le voyage qui prime sur l'artefact, pour Indy lui-même autant que pour le public. Et il en va généralement ainsi. Avoir en tête des objectifs spécifiques et un plan défini pour y parvenir est une excellente chose, sauf si cette focalisation nous empêche de trouver le trésor enterré juste un peu plus loin.

Petite question au lecteur : qui l'emporterait dans une chasse au trésor entre l'archéologue du XXe siècle Indiana Jones, ou celle du LIe siècle River Song ?

« C'EST UN LIVRE DE CUISINE ! »

– PAT, LA QUATRIÈME DIMENSION, « COMMENT SERVIR L'HOMME »

"IT'S A COOKBOOK!"

NOUS ENTRETENONS UNE RELATION plutôt fadasse avec nos races extraterrestres imaginaires, non ? Pour chaque espèce sereine et bienveillante venue nous offrir quelque chose dont nous avons vraiment besoin – généralement la sagesse pour éviter un conflit nucléaire ou une catastrophe environnementale, ou bien les outils voulus pour repousser un autre danger venu de l'espace –, deux autres arrivent et commencent à tirer. Cas de figure tout aussi fréquent, elles dissimulent leurs sinistres intentions derrière des sourires : les reptiles humanoïdes de la série *V*, les intelligences artificielles de *Matrix*, et bien sûr, les Kanamites affamés de « Comment servir l'homme ? ». Rien de mystérieux derrière ce yin et ce yang chez les races fictives avancées : elles sont ce que nous sommes. Il suffit de regarder l'histoire de la Terre pour voir que bon nombre de peuples « primitifs » ont accueilli en toute confiance des frères humains issus d'une société plus « avancée », avant d'être trahis par ces faux culs tout sourires. On pourrait presque entendre Geronimo ou Sitting Bull : « Ceci n'est pas un traité. C'est un livre de cuisine ! » En résumé, une planète pleine de non-humains assez futés pour nous piéger et nous utiliser, ce n'est rien d'autre qu'une projection de notre culpabilité.

Le légendaire éditeur de science-fiction George Scithers, sous le pseudonyme de « Karl Würf », a été autorisé par Damon Knight, l'auteur de cet épisode de *La Quatrième Dimension*, à écrire et publier un ouvrage intitulé *To Serve Man : A Cookbook for People* (1976) (« Comment bien servir l'homme : Un livre de cuisine pour tous »).

« QUAND IL N'Y A PLUS DE PLACE EN ENFER, LES MORTS REVIENNENT SUR TERRE. »

– PETER, *ZOMBIE*

"WHEN THERE'S NO MORE ROOM IN HELL, THE DEAD WILL WALK THE EARTH."

L'ACTEUR KEN FOREE dit cette réplique dans le *Zombie* (1978) de Romero, puis elle est reprise dans le remake de Zack Snyder en 2004. Et, chaque fois, elle met en lumière une vérité fondamentale : notre propension à échafauder des explications divines au problème que nous ne comprenons pas. Il n'est pas surprenant que cette platitude offre un certain réconfort à la troupe hétéroclite de survivants confrontés à une épidémie de zombies. En plus d'expliquer l'inexplicable, elle implique que les morts-vivants affamés paient le prix d'une vie de péché et de transgression. Après tout, s'ils devaient aller en enfer, c'était bien pour quelque chose. Et d'un coup d'un seul nous voilà absous de toute responsabilité. Si cette mentalité vous semble incompréhensible, ou la marque d'une certaine insensibilité, allez le dire à ceux qui ont déclaré que l'ouragan Katrina était un châtiment divin pour l'homosexualité, ou que les Haïtiens avaient bien mérité de voir leur pays dévasté par un tremblement de terre. Rendre les victimes responsables d'une tragédie qui les frappe est un invariant humain des plus répandus. Question régularité, c'est le meilleur… surtout pour le pire.

Il est fascinant de voir que les histoires de zombies ont évolué selon une trajectoire parallèle à celle de la pensée rationnelle. Dans les premiers récits, les horreurs revenues d'entre les morts d'un pas traînant ont une cause surnaturelle, tandis que les histoires les plus récentes trouvent des explications scientifiques à la réanimation des tissus.

« LA FORCE SERA AVEC TOI, TOUJOURS. »

– OBI-WAN KENOBI, *STAR WARS : UN NOUVEL ESPOIR*

"THE FORCE WILL BE WITH YOU. ALWAYS."

ON NAÎT SEUL, ON MEURT SEUL, et on passe sa vie à tout faire pour ne pas être seul. Quelle que soit la façon dont se traduit ce besoin, quête de compagnons ou de réconfort dans le divin, c'est de lui dont parle Ben Kenobi lorsqu'il fait cet adieu à Luke Skywalker. C'est également une notion familière pour George Lucas lorsqu'il crée *Star Wars* en 1977. Avec la Force, à la fois énergie mystique et fondement spirituel de cet univers – *dixit* Kenobi : « Elle nous entoure et nous pénètre. C'est ce qui lie la galaxie en un tout uni » –, Lucas crée un fourre-tout dans lequel tous les publics, religieux ou non, peuvent projeter leurs propres croyances. Bien sûr, c'était avant que *La Menace fantôme* ne tente de nous dire que la Force était des parasites dans notre sang, l'équivalent intergalactique de la teigne. Nous n'avons guère goûté cette révélation, n'est-ce pas ? Non, la Force résiste à toute tentative visant à l'ancrer explicitement dans la science, car elle transcende la raison et traite de quelque chose de plus fondamental dans la nature humaine : notre désir de nous accrocher à quelque chose de plus grand que nous.

Dans le même élan, *La Menace fantôme* (1999) nous donne un gimmick pour parer la Force d'un vernis scientifique, et Lucas nous dit que les « midi-chloriens » impliquent que Dark Vador est né d'une conception virginale, comme dans l'histoire de Jésus. A-t-on déjà vu tentative plus téméraire de jouer sur tous les tableaux ?

« VENEZ ALGÈBRE, ANATOMIE, ASTRONOMIE, BIOLOGIE, CHIMIE, GÉOLOGIE, GÉOMÉTRIE, MATHÉMATIQUES, MÉTÉOROLOGIE, MINÉRALOGIE, OCÉANOGRAPHIE, PALÉONTOLOGIE, PHYSIQUE, PSYCHOLOGIE, SOCIOLOGIE, TRIGONOMÉTRIE ET ZOOLOGIE ! »

– PETER DICKINSON, *LE VOL DES DRAGONS*

"COME ALGEBRA, ANATOMY, ASTRONOMY, BIOLOGY, CHEMISTRY, GEOLOGY, GEOMETRY, MATHEMATICS, METEOROLOGY, MINERALOGY, OCEANOGRAPHY, PALEONTOLOGY, PHYSICS, PSYCHOLOGY, SOCIOLOGY, TRIGONOMETRY, AND ZOOLOGY!"

RIEN NE TUE LA MAGIE (au sens littéral) de l'enfance plus vite que le spectacle d'un sorcier maléfique écrasé dans la poussière par la récitation frénétique d'une litanie de disciplines scientifiques. Prononcée en ultime recours par l'inventeur-héros Peter, cette diatribe lui permet de sauver ses alliés magiques, mais lui ferme également leur monde à jamais. Force est de reconnaître que c'est une solution intelligente pour se débarrasser d'un invincible sorcier, mais elle envoie un message clair au sujet du principe d'exclusion de Pauli appliqué à la *Fantasy* : la science et la magie ne peuvent pas occuper un même espace simultanément. Certes, on ne peut grandir sans accepter et comprendre un univers scientifique – vous pouvez essayer tant que vous voudrez, mais vous n'arriverez jamais à faire venir à vous un objet en utilisant la Force –, mais bon nombre de geeks n'ont jamais cessé de soupirer après ces jours enfuis où chaque baguette magique était un sabre laser. Et qu'ils n'arrêtent surtout pas. Les mythes ont eux aussi un pouvoir sur le monde. Il ne faut pas oublier que la magie et la science ont un élément en commun : l'imagination. Elle permet aussi bien de bâtir des mondes que de résoudre des problèmes. Et, bien utilisée, elle permet de triompher de tout.

Film d'animation culte, *Le Vol des dragons* (1982) est tiré en partie du livre pour enfant éponyme, écrit par un homonyme, Peter Dickinson [sic], et du classique de la *Fantasy* adulte, *Le Dragon et le Georges*, de Gordon R. Dickson.

« QUEL POUVOIR AURAIT L'ENFER SI CEUX QUI SONT CAPTIFS ICI NE POUVAIENT PAS RÊVER DU PARADIS ? »

– DREAM, ÉGALEMENT CONNU SOUS LE NOM DE MORPHEUS, *SANDMAN*

"WHAT POWER WOULD HELL HAVE IF THOSE IMPRISONED HERE WOULD NOT BE ABLE TO DREAM OF HEAVEN?"

NOS MALHEURS ne nous accableraient pas si nous ignorions qu'ailleurs l'herbe est plus verte. La quête d'un monde parfait et sans souci est un élan inhérent à l'homme, un vestige du temps où nous étions dans la savane africaine, à rêver d'une oasis de l'autre côté de la colline tout en craignant un nid de prédateurs dans le bosquet. Le paradis et l'enfer sont issus de ces idées poussées à l'extrême. Le souverain du royaume des rêves de Neil Gaiman le sait très bien. Il reconnaît que les choses les plus sombres que nous puissions imaginer ne sont rien sans autre chose à quoi les comparer. Inutile d'avoir la foi en une puissance supérieure pour voir ce mécanisme à l'œuvre. En quoi la misère est-elle insupportable si on ignore que la richesse existe ? En quoi la laideur est-elle repoussante si la beauté n'existe pas ? À certains égards, l'ignorance est une bénédiction. Néanmoins, si l'humanité ne voit pas la possibilité d'un monde meilleur, comment peut-elle lutter pour en créer un ? Nos paradis figurés donnent de la chair à nos enfers. Mais, à l'inverse, nos enfers nous poussent à atteindre nos paradis.

Dans *Sandman*, l'enfer est le royaume d'un Lucifer dont l'apparence est clairement inspirée de David Bowie, ce qui corrobore une nouvelle fois notre théorie selon laquelle les geeks adorent Bowie.

« KLAATU BARADA NIKTO ! »

– HELEN BENSON, *LE JOUR OÙ LA TERRE S'ARRÊTA*

"KLAATU BARADA NIKTO!"

**« LONGUE VIE
ET PROSPÉRITÉ. »**

– SPOCK, *STAR TREK*

"LIVE LONG AND PROSPER."

« HASTA LA VISTA, BABY. »

– T-800, *TERMINATOR 2 : LE JUGEMENT DERNIER*

"HASTA LA VISTA, BABY."

NOUS AUTRES GEEKS adorons les phrases accrocheuses. Par exemple, on s'adresse des saluts vulcains en se souhaitant « longue vie et prospérité » ou on se dit à plus tard avec une formule hispanisante et un accent autrichien. Un certain nombre de formules tirées de la science-fiction se sont ainsi imprimées dans l'esprit collectif geek à un point tel que nous y voyons des significations à la fois profondes et profanes. L'une des plus intéressantes est la phrase en charabia extraterrestre, *« Klaatu barada nikto »*, censée être « la phrase la plus célèbre jamais prononcée par un alien » selon la formule du critique Frederick S. Clarke, et employée par le christique Klaatu pour arrêter la main métallique de son émissaire robotique, Gort, avant qu'elle n'achève sa mission de détruire l'humanité. Disons que c'est le « mot d'arrêt » le plus important de tous les temps. Dans le détail, sa signification reste nimbée de mystère (y compris lorsque Bruce Campbell la prononce, sans résultat, dans l'*Armée des ténèbres*), mais sa portée est facile à comprendre. Elle nous rappelle que nos destins sont parfois façonnés, sinon entièrement décidés, par des forces qui échappent à notre volonté, voire à notre compréhension. Nous voulons connaître les réponses, mais il arrive que nous ne les ayons pas.

« Klaatu » est également le nom d'un alien mineur dans *Star Wars* et dans les Marvel Comics, et d'un groupe de prog-rock canadien.

« IL A CHOISI BIEN MAL. »

– LE CHEVALIER DU GRAAL, *INDIANA JONES ET LA DERNIÈRE CROISADE*

"HE CHOSE... POORLY."

LE CHASSEUR DU SAINT-GRAAL, Walter Donovan, pensait qu'il reconnaîtrait à sa gloire la coupe utilisée par Jésus-Christ lors de son dernier repas. Il avait tort. Et la puissance divine du Graal l'a détruit. Le plaisir que procure la réplique cinglante du chevalier vient tout d'abord de la satisfaction de voir Donovan obtenir ce qu'il mérite : il vient d'assassiner le père d'Indy, et le karma, ça rigole pas. Mais ensuite, à l'analyse, cette réplique nous plaît par sa sincérité porteuse de vérité. Quiconque croit que la gloire du Christ se manifeste dans le luxe et les richesses terrestres – en bref, dans des expressions d'égotisme – commet une pure folie. L'humilité est au cœur de l'incarnation de Dieu en homme, comme le dit sans ambiguïté Matthieu dans son évangile (XXV, 45) : « Alors il leur répondra : en vérité, je vous le dis, chaque fois que vous ne l'avez pas fait à l'un de ces plus petits, c'est à moi que vous ne l'avez pas fait. » Autrement dit, Dieu est grand, mais sa grandeur est à trouver dans sa petitesse et son humanité.

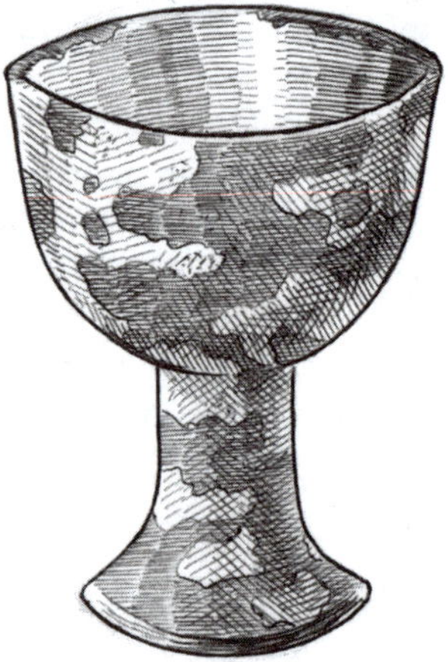

Le Graal est l'un des très rares artefacts surnaturels à avoir eu par deux fois un impact sur la culture populaire moderne, dans une histoire à moitié sérieuse (*Indiana Jones et la dernière croisade*, 1989) et dans une autre beaucoup plus légère (*Monty Python : Sacré Graal*, 1975).

« IL Y A PLUS DE CHOSES DANS LE CIEL ET SUR LA TERRE, HORATIO, QUE N'EN RÊVE VOTRE PHILOSOPHIE. »

– HAMLET, *HAMLET*

"THERE ARE MORE THINGS IN HEAVEN AND EARTH, HORATIO, THAN ARE DREAMT OF IN YOUR PHILOSOPHY."

TOUT COMME HAMLET et Horatio, bon nombre d'entre nous sont conditionnés à voir l'existence en termes de « monde réel ». Nous tirons un certain réconfort de l'idée qu'un apprentissage du monde poussé jusqu'au plus loin nous prépare à tout ce que la vie peut nous réserver. Dans le canon geek, cette tirade immortelle de la non moins immortelle pièce de Shakespeare trône à côté de la maxime socratique « Tout ce que je sais, c'est que je ne sais rien » et de – croyez-le ou non – « Que la Force soit avec toi », pour exprimer l'idée que, quel que soit le degré de préparation que nous donne notre formation, il nous arrive parfois de toucher tout simplement aux limites de la compréhension. C'est une prise de conscience assez soudaine chez le prince danois – être poussé à la vengeance par le spectre de son père mort n'incite guère au questionnement –, mais de celles auxquelles tout le monde arrive à un certain stade dans l'existence, même si c'est par d'autres chemins.

Au cours des dix dernières années, Hamlet a été un point de connexion du monde geek, et pas seulement avec la production londonienne de *Doctor Who*, mais aussi avec les nombreuses références figurant dans la série de *comics Y, le dernier homme*.

« PUISSE L'ESPRIT DE PAIX DANS LEQUEL NOUS SOMMES VENUS RAYONNER SUR LA VIE DE L'HUMANITÉ ENTIÈRE. »

– INSCRIPTION FIGURANT SUR UNE PLAQUE APPOSÉE SUR LE MODULE LUNAIRE D'APOLLO 17

"MAY THE SPIRIT OF PEACE IN WHICH WE CAME BE REFLECTED IN THE LIVES OF ALL MANKIND."

CE DONT RÊVENT certains geeks, d'autres le feront. Tandis que les Américains avaient des vues sur la Lune à la fin des années soixante, la science-fiction, dans les livres et en images, contribuait à nourrir et propager l'excitation autour des voyages dans l'espace. L'alunissage de 1969 était une scène directement sortie de *2001 : L'Odyssée de l'espace*, concrétisée par ceux qui avaient embrassé la fièvre de générations de rêveurs. Malheureusement, l'imagination et le financement ne marchent pas toujours main dans la main : le programme Apollo a été arrêté. Cette plaque est vissée sur l'échelle du module lunaire de la mission Apollo 17, le dernier vol habité vers un autre monde. C'est une reconnaissance douce-amère de la fin d'une époque, rendue d'autant plus poignante encore par la décision de la NASA de mettre un terme au programme des navettes spatiales. Puisque nous n'avons pas été plus loin qu'en 1972, une nouvelle ère de l'exploration humaine s'est refermée. Et cette plaque risque bien d'être le dernier ambassadeur de la Terre qu'une sphère extraterrestre verra avant longtemps.

Question sans réponse particulière : qu'est-ce que cela dit de nos valeurs culturelles qu'on ait fait un film à succès d'une mission lunaire ayant presque viré à la catastrophe (Apollo 13), mais pas d'un des voyages lunaires réussis ?

« ON EST EN MISSION POUR LE SEIGNEUR. »

– ELWOOD BLUES, *THE BLUES BROTHERS*

"WE'RE ON A MISSION FROM GOD."

LA CONVICTION. Sans elle, vous n'avez rien. Et on ne parle pas là d'être convaincu de meurtre ou condamné pour un délit, façon Jake Blues. À sa sortie de prison, Jake est un homme à la dérive. Que faire ? Il aurait pu passer ses journées à errer avec son frère Elwood, sans rien éprouver d'autre que l'insatisfaction et jusqu'à tomber de nouveau entre les pattes de la loi. Mais c'est là qu'il a l'inspiration. Il vit une épiphanie si radicale et si inattendue que cette inspiration ne peut être que divine. Il va trouver de l'argent pour sauver son vieil orphelinat catholique, en reformant son groupe de blues et jouer à guichets fermés. C'est un plan parfaitement improbable, mais qui donne à Jake une raison de vivre, un but plus grand que lui. Et c'est ça qui fait la différence entre une vie et une vie épique : la capacité à voir grand et à faire ce qu'il faut pour parvenir au but, la détermination à laisser une empreinte sur le monde qui aille au-delà de l'autogratification. Rien n'est plus vrai, que le dieu qui vous anime soit celui de Jake, une conscience séculaire de l'immensité cosmique, ou quelque chose d'autre qui n'a rien à voir.

« C'EST UNE HISTOIRE IMAGINAIRE. MAIS APRÈS TOUT NE LE SONT-ELLES PAS TOUTES ? »

– ALAN MOORE,

SUPERMAN : WHATEVER HAPPENED TO THE MAN OF TOMORROW?

"THIS IS AN IMAGINARY STORY. BUT THEN, AREN'T THEY ALL?"

DES ANNÉES CINQUANTE aux années quatre-vingts, DC Comics publiait à l'occasion des histoires de Superman fondées sur des scénarios en dehors de la continuité des mensuels classiques. Les éditeurs repéraient ces histoires hypothétiques (*President Superman ! Superman's bratty kid ! Superman and Batman as adopted brothers !* – « Superman président ! Le sale gosse de Superman ! Superman et Batman en frères adoptés ») en inscrivant sur la couverture « Histoire imaginaire », par opposition à la saga « réelle » du Superman habituel. Pour autant, cette terminologie soulève une question, que DC a finalement autorisé le pionnier des *comics* postmodernes, Alan Moore, à poser dans l'introduction à *Superman n° 423*. Oui, en effet, ce sont bien toutes des histoires imaginaires, un fait que les fans invétérés de n'importe quelle série inscrite dans la durée et dans un univers fictionnel cohérent peuvent parfois finir par oublier. DC, son rival Marvel Comics, la franchise *Star Trek* : toutes ces constructions narratives de grande ampleur ont des fans qui adorent recenser et croiser les détails de leur monde favori, autant que les personnages eux-mêmes. C'est l'une des grandes raisons pour lesquelles les geeks n'apprécient vraiment pas quand on annonce un *reboot* de leur fiction préférée pour l'adapter à un nouveau public. Au demeurant, c'est précisément comme ça qu'une légende croît et perdure : en étant racontée encore et encore. Qui se souviendrait d'Hercule aujourd'hui si l'auteur grec du début avait voulu en conserver le contrôle créatif ? Si le premier ménestrel du XVe siècle qui chantait des ballades sur Robin des Bois avait pu contraindre les suivants dans leurs velléités narratives, est-ce que Belle Marianne et Richard Cœur de Lion auraient montré le bout de leur nez ? Suivre une longue série épique puis dire un jour : « C'était bien, mais je m'ennuie. Recommençons à zéro mais différemment » est assurément bien difficile, mais c'est sans doute la meilleure manière de faire entrer une bonne vieille histoire classique dans le royaume des mythes éternels.

VI.

(« EN L'AN 2525 »)

IN THE YEAR 2525

(LE FUTUR)

« FIN DE LIGNE. »

– HYBRIDE CYLON, *BATTLESTAR GALACTICA* ;
ÉGALEMENT, MAÎTRE DE CONTRÔLE PRINCIPAL, *TRON*

"END OF LINE."

« TOUTE RÉSISTANCE EST INUTILE. »

– LES BORGS, *STAR TREK : LA NOUVELLE GÉNÉRATION*

"RESISTANCE IS FUTILE."

« MISE À JOUR OBLIGATOIRE. »

– LES CYBERMEN, *DOCTOR WHO*

"UPGRADING IS COMPULSORY."

IL Y A QUELQUE CHOSE d'existentiel dans la crainte qu'a la culture moderne de la « Singularité », le terme choisi par Vernor Vinge pour désigner l'instant où la technologie aura tant progressé qu'elle transformera l'humanité, ou la transcendera, d'une façon qu'il nous est encore impossible d'imaginer. Cela ne nous a pas empêchés de décrire l'avenir post-humain dans des fictions, et le résultat est assez terrible pour ceux d'entre nous qui resteront confinés à un corps de chair lorsque les temps seront venus. C'est parce que la conscience mécanique – dont la vision du monde, telle que nous l'imaginons, est celle d'un fascisme algorithmique, assorti de déclarations radicales ne souffrant aucune dissension – est toujours terrifiante, qu'il s'agisse d'un logiciel maléfique, tel que le maître de contrôle principal (MCP) dans *Tron* ou Skynet dans *Terminator*, ou d'entités de chair et de sang, comme les Hybrides dans *Battlestar Galactica* ou les Borgs dans *Star Trek*, tellement cybernétisés qu'on ne peut plus les reconnaître comme humains. Mais pourquoi sommes-nous si sûrs que les futures évolutions produiront des âmes moins élevées que celles d'aujourd'hui ? Les humains sont toujours effrayés par ce qu'ils voient comme « les Autres ». Néanmoins n'est-il pas crédible de penser que de nouvelles intelligences regardent de haut les « anciens » terriens (tellement subjectifs, réfractaires au changement et irrationnels que nous n'avons même pas besoin d'attendre les peuples de demain pour étriper joyeusement nos semblables d'aujourd'hui) et les trouvent bien effrayants ?

Lorsque les Borgs ont fait leur apparition dans *Star Trek* en 1989, les fans de *Doctor Who* se sont immédiatement écriés que ceux-ci n'étaient qu'une resucée des Cybermen, apparus dans leur série en 1966. Au bout du compte, ces deux races de cyborgs de l'espace se feront avoir par une nouvelle tuerie, les Cylons de *Battlestar Galactica* (2005).

« TOUTE TECHNOLOGIE SUFFISAMMENT AVANCÉE EST INDISCERNABLE DE LA MAGIE. »

– LOI DE CLARKE

"ANY SUFFICIENTLY ADVANCED TECHNOLOGY IS INDISTINGUISHABLE FROM MAGIC."

UN JOUR, l'histoire décernera à l'auteur de science-fiction Arthur C. Clarke le titre d'un des plus grands visionnaires du XXe siècle. Laissons de côté le fait qu'il a inventé, dès 1945, le concept du réseau de communication par satellites tel que nous le connaissons aujourd'hui (et pas seulement dans une œuvre de fiction, mais dans un mémoire technique soumis dans les formes). La loi de Clarke pose comme principe une vérité qui rappelle aux athées comme aux croyants qu'ils doivent faire preuve d'humilité quant à leurs philosophies respectives. Si l'on pouvait remonter le temps et faire atterrir un hélicoptère devant une foule dans la Babylone antique, nul doute qu'on serait considérés comme des dieux ou des sorciers. Il y a deux enseignements à en tirer. Tout d'abord, ce qui paraît magique à nos yeux n'est pas réellement surnaturel, mais simplement fondé sur un savoir qui nous demeure inconnu. Et ensuite, corollaire trop souvent négligé, à tout moment donné de l'histoire humaine (y compris aujourd'hui), des pans immenses du savoir demeurent inconnus. La loi de Clarke synthétise cette idée exprimée dans son *2001 : L'Odyssée de l'espace* en neuf mots. En effet, malgré tous les miracles produits par la science, nous ne sommes toujours que des enfants du point de vue du cosmos. Et l'idée que l'esprit humain puisse même imaginer « la vérité ultime de l'existence » est aussi risible que grotesque.

Dans les années soixante et soixante-dix, Clarke a proposé trois lois. C'est la troisième qui a capté l'imagination, au point de rester dans les mémoires comme la « loi de Clarke ».

« LE CIEL AU-DESSUS DU PORT ÉTAIT COULEUR TÉLÉ CALÉE SUR UN ÉMETTEUR HORS SERVICE. »

– WILLIAM GIBSON, *NEUROMANCIEN*

"THE SKY ABOVE THE PORT WAS THE COLOR OF TELEVISION, TUNED TO A DEAD CHANNEL."

LA TECHNOLOGIE n'est pas cette chose douce et tentante qu'on veut nous faire croire. C'est ce que nous dit William Gibson dans la première phrase de son *Neuromancien*. Notre monde étouffe sous la technologie, au point que nous ne voyons même plus combien elle est extraordinaire. Même avec ces équipements remarquables qui nous relient, nous transmettent de l'information, et nous connectent à quelque chose de plus vaste que nous-mêmes, le monde est peut-être plus vide, horrible et dénué d'humanité qu'il ne l'a jamais été. C'est un émetteur hors service, qui ne produit qu'une neige scintillante, grise et floue. Gibson nous pose donc une question : tandis que nous allons inexorablement de l'avant dans notre monde de circuits et de connexions sans fil, à quel moment nous retournons-nous pour contempler ce que nous laissons derrière nous ? Dans le monde du *Neuromancien*, cela n'arrive jamais. C'est aussi glauque et désespérant que l'épidémie de peste noire ou la Grande Dépression. Au bout du compte, la technologie ne change rien. Les pauvres restent pauvres. Les rues demeurent dangereuses. Et les êtres humains sont toujours des êtres humains. Et donc, une question en découle : comment faisons-nous pour être sûrs que cela ne nous arrive pas ?

William Gibson a inventé le terme « cyberespace » et grandement contribué au lancement du sous-genre de science-fiction du « cyberpunk ». Néanmoins, ce n'est pas à lui qu'il faut imputer la pratique qu'ont les fans de science-fiction d'ajouter le suffixe « punk » à n'importe quelle catégorie pour en faire un sous-genre excitant.

« LA ROUTE ? LÀ OÙ ON VA, ON N'A PAS BESOIN DE ROUTE. »

– EMMETT BROWN, *RETOUR VERS LE FUTUR*

"ROADS? WHERE WE'RE GOING, WE DON'T NEED ROADS."

AUJOURD'HUI, QUELQUE TRENTE ANS après la sortie de *Retour vers le futur*, alors qu'il n'y a toujours pas la moindre voiture volante ou le plus petit skateboard en lévitation en vue, on pourra beaucoup pardonner à ceux qui, en entendant cette célèbre réplique nonchalamment prononcée par Doc, se disent que les scénaristes Bob Zemeckis et Bob Gale se sont un peu plantés en situant leur futur en 2015. Cependant, à l'instant où Doc embarque Marty McFly dans sa DeLorean tout juste devenue volante, la teneur de ses paroles retentit à travers toute l'histoire de l'innovation humaine, aussi loin que puisse aller l'esprit, sur notre capacité à repenser constamment la réalité et à repousser les frontières du possible. À décréter une « rupture paradigmatique ». Cette expression, popularisée par Thomas Kuhn dans les années soixante, avant qu'elle ne devienne un cliché à la mode dans le monde des affaires, a sans doute été galvaudée d'avoir été trop utilisée dans les années quatre-vingts et quatre-vingt-dix, mais elle n'en reste pas moins un concept puissant, mis en œuvre chaque fois que nous sortons des sentiers battus pour réaliser une grande avancée qui change la face du monde, comme l'invention du feu ou du téléphone portable. Ces instants où le « convecteur temporel » se met en marche ne sont pas aussi rares qu'on le croit, mais ils sont assurément aussi profonds qu'on l'imagine.

Dans un making of consacré à *Retour vers le futur 2* (1989), le réalisateur Bob Zemeckis annonce sur un ton pince-sans-rire que les fameux *hoverboards* vus dans le film existent bel et bien, mais sont interdits dans les rues américaines pour des questions administratives. Un nombre assez remarquable de personnes l'ont cru.

« JE VAIS TE CONTROL-ALT-SUPPR ! »

– WEIRD AL YANKOVIC

"I'LL CONTROL-ALT-DELETE YOU !"

TOUT GEEK CONNAÎT Weird Al Yankovic, et généralement bien trop pour les colocs dudit geek. Quand Al n'est pas occupé à transformer un morceau de gangsta rap en hymne pour nerds de l'informatique, il transforme les hits les plus sauvages du hard rock en mélodies sautillantes ou polkas piquées. Et s'il y a une justice dans l'univers, Al vivra assez longtemps pour recevoir les éloges qu'il mérite en tant que visionnaire créatif. Il est facile d'écrire des chansons telles que *Eat It* et *I Think I'm a Clone Now* sous forme de parodies un peu ridicules. Mais quand on y regarde de plus près, Al a ouvert la voie musicale qui allait conduire au *Grey Album* du DJ Danger Mouse, puis au *spin-off* littéraire *Orgueil et Préjugés et Zombies*. En insérant des éléments d'un genre inattendu dans les hits d'un autre genre, Al est probablement devenu la première superstar du *mash-up*. À ceux qui disent que ces hybrides façon Frankenstein dévalorisent l'art initial, nous rétorquerons qu'ils contribuent généralement à améliorer les ventes de l'original. Quant à ceux qui prétendent qu'il n'y a rien de créatif dans cette entreprise, nous les invitons à s'y frotter eux-mêmes, manière de voir à quel point ils ont tort.

Pourquoi Weird Al agite-t-il un tambourin dans la vidéo des Hanson Brothers *Thinking 'Bout Somethin'* (2010) ? Selon nous, pour la même raison qu'on voit une pastèque dans le laboratoire dans *Les Aventures de Buckaroo Banzaï à travers la 8e dimension*.

**« D'ICI À QUELQUES ANNÉES,
UN RÉCEPTEUR BON MARCHÉ,
PAS PLUS GRAND QU'UNE MONTRE,
PERMETTRA D'ÉCOUTER, SUR TERRE
COMME SUR MER, LA DIFFUSION
D'UN DISCOURS OU D'UNE MUSIQUE
TRANSMIS AILLEURS,
QUELLE QUE SOIT LA DISTANCE. »**

– NIKOLA TESLA

"WITHIN A FEW YEARS, A SIMPLE AND INEXPENSIVE DEVICE, READILY CARRIED ABOUT, WILL ENABLE ONE TO RECEIVE ON LAND OR SEA THE PRINCIPAL NEWS, TO HEAR A SPEECH, A LECTURE, A SONG OR PLAY OF A MUSICAL INSTRUMENT, CONVEYED FROM ANY OTHER REGION OF THE GLOBE."

**« APRÈS L'OUVERTURE DE LA PREMIÈRE
CENTRALE ÉLECTRIQUE, L'INCRÉDULITÉ
FERA PLACE À L'ÉMERVEILLEMENT,
PUIS CELUI-CI À L'INGRATITUDE,
COMME TOUJOURS AUPARAVANT. »**

– NIKOLA TESLA

"WITH THE OPENING OF THE FIRST POWER PLANT, INCREDULITY WILL GIVE WAY TO WONDERMENT, AND THIS TO INGRATITUDE, AS EVER BEFORE."

GRÂCE À (a) un certain groupe de *hair metal* des années quatre-vingt-dix, et (b) l'existence d'Internet, qui a offert une enceinte à des masses de geeks où explorer tranquillement l'histoire, la culture populaire a redécouvert l'incroyable génie de Nikola Tesla, l'Austro-Américain qui fut le rival le plus brillant de Thomas Edison, mais qui était beaucoup moins doué en affaires. Tesla a mis au point le procédé permettant d'utiliser le courant alternatif, réalisé quantité de découvertes dans le domaine de l'électromagnétisme grâce auxquelles nous sommes aujourd'hui dans l'âge de l'information, et puis aussi élaboré une vision de l'avenir technologique infiniment plus complète qu'aucune autre en son temps ou depuis lors, et pas seulement en termes de prouesses scientifiques et techniques, mais aussi du point de vue des implications sociales qui s'ensuivraient bien vite. La culture geek s'est mise à idolâtrer Tesla, le rebelle visionnaire qui avait raison, et à diaboliser Edison, l'impitoyable monopoliste prêt à écraser toute dissension. On sait que ce n'est pas faux, mais il n'est peut-être pas inutile de se demander si notre tendance instinctive à fétichiser les martyrs de la cause nerd n'est pas un peu contre-productive. Lorsque des génies visionnaires sont marginalisés, relégués au rang de sous-fifres d'acteurs machiavéliques, nous aurions tort de nous reconnaître uniquement dans leur esprit mésestimé. Nous devons également chercher où et comment ils ont échoué à construire les relations qui auraient pu changer le cours des choses, puis nous résoudre à mettre ce facteur humain au cœur de nos efforts.

En plus d'avoir donné son nom à un groupe de metal, Tesla apparaît aussi dans le roman de Christopher Priest *Le Prestige* (adapté au cinéma, avec David Bowie dans le rôle de Nikola Tesla). Plus récemment, son nom a été repris par un fabricant de voitures électriques haut de gamme.

« LES JEUX VIDÉO SONT NÉFASTES ? C'EST CE QU'ILS DISAIENT POUR LE ROCK'N'ROLL. »

– SHIGERU MIYAMOTO, CRÉATEUR DE *MARIO* ET DE *LA LÉGENDE DE ZELDA*

"VIDEO GAMES ARE BAD FOR YOU? THAT'S WHAT THEY SAID ABOUT ROCK AND ROLL."

LE ROCK'N'ROLL n'est pas toujours bon pour vous, il va parfois de pair avec le sexe et la drogue. Il n'y a rien à redire quant au premier, s'il est pratiqué de façon consensuelle et protégée, ni même en ce qui concerne la seconde, si c'est légal, mais nous savons tous que ce n'est pas toujours le cas. Les jeux vidéo ont eux aussi leur lot de corollaires négatifs. Rien d'aussi cool que le sexe et la drogue, mais plutôt des lésions liées à des mouvements répétés et une misère entretenue par les jeux de rôle en ligne massivement multijoueurs. En fait, les jeux vidéo, sont pour les geeks ce que le rock'n'roll était pour la génération de l'après-guerre : un moyen de s'affirmer. Nous avons créé une forme unique de divertissements à partir de sources aussi diverses qu'hétérogènes : informatique, cinéma, jeux de plateau, art, fiction, dont l'attrait s'exerce bien au-delà du cercle dont elle est issue. Et, comme le rock'n'roll, les jeux vidéo ont leurs détracteurs, qui mettent fébrilement en garde contre les risques de ruine et de destruction. Espérons qu'il en soit ainsi. Les jeux sont toujours plus drôles lorsque tout part en vrille.

« LA *FANTASY* EST L'IMPOSSIBLE RENDU PROBABLE. LA SCIENCE-FICTION EST L'IMPROBABLE RENDU POSSIBLE. »

– ROD SERLING

"FANTASY IS THE IMPOSSIBLE MADE PROBABLE. SCIENCE FICTION IS THE IMPROBABLE MADE POSSIBLE."

NOUS AUTRES GEEKS passons un temps immodéré à définir et catégoriser les différentes manières que nous avons d'aller nous réfugier dans des mondes qui n'existent pas. À y regarder de plus près, la variation de Serling sur la distinction généralement établie entre la *Fantasy* et la science-fiction souligne non pas les différences entre les genres, mais plutôt les similitudes. Et, ce faisant, elle ficelle la culture geek en tant que communauté de rêveurs. Des rêveurs intelligents. Au bout du compte, nous voulons tous découvrir des mondes qui ne sont pas le nôtre, mais nos motivations diffèrent. Nous voulons nous échapper, imaginer ce que pourrait être le monde, nous immerger dans des visions du possible et de l'impossible. Mais, dans tous les cas, notre besoin de rêver reste le même. Qu'il découle d'une insatisfaction dans nos vies, ou du désir de rehausser un monde banal de touches de fantastique, une chose est sûre : nous autres geeks avons tous un trait majeur en commun. Ce n'est pas que nous avons la faculté d'imaginer – tout le monde l'a –, c'est qu'elle ne nous fait pas peur.

À l'instar du magazine *Weird Tales*, qui est en quelque sorte son précurseur, *La Quatrième Dimension*, de Serling, occupe un espace fictionnel très cool, dans lequel les tropes de la science-fiction, de la *Fantasy* et de l'horreur tourbillonnent et s'interpénètrent au lieu de rester cloisonnés. Au cours de la dernière décennie, l'univers geek a entrepris de mettre de nouveau à bas ces frontières artificielles.

« JE M'APPELLE TINA, ET JE VAIS VOUS TUER. »

– TINA, LA QUATRIÈME DIMENSION, *« LA POUPÉE VIVANTE »*

"MY NAME IS TALKING TINA, AND I'M GOING TO KILL YOU."

EN 1970, LE ROBOTICIEN Masahiro Mori a créé l'expression « la vallée dérangeante », mettant ainsi un nom sur ce que des générations d'enfant savaient déjà : les poupées, les masques, les reflets dans les miroirs et les visages pas tout à fait humains peuvent se révéler incroyablement effrayants. De nombreuses théories tentent d'expliquer cette réaction, d'une crainte de la différence renforcée par l'évolution à une peur freudienne de la mort. Il n'est donc pas complètement étonnant que tant de geeks perçoivent ce sentiment et l'extrapolent jusqu'au meurtre, voire jusqu'au génocide sous la forme d'une apocalypse zombie. Mais pour les geeks s'y ajoute une autre dimension : la peur de l'obsolescence. Nous anticipons avec impatience la Singularité post-humaine, que l'auteur de science-fiction Ken MacLeod appelle « l'extase pour les nerds », et redoutons en secret d'être laissés à la traîne lorsqu'elle arrivera. Nous rêvons que des manifestations magiques ou spirituelles donnent vie à nos jouets... Mais s'ils nous voient comme inutiles ou gênants, ces nouveaux êtres pourraient bien faire de nous *leurs* jouets. Ce n'est pas l'apparence de Tina qui nous terrifie, c'est sa supériorité sur son maître humain, dont elle orchestre la mort avec une implacable efficacité. Après tout, une chose qui imite si précisément l'humanité doit bien comporter une once de ce besoin tellement humain de dominer et de détruire.

Et les clowns. Il ne faut jamais oublier de se méfier des clowns.

« C'EST UN MONDE MAGIQUE, VIEUX FRÈRE… ALLONS L'EXPLORER ! »

– LE DERNIER *STRIP* DE *CALVIN ET HOBBES*

"IT'S A MAGICAL WORLD, HOBBES, OL' BUDDY… LET'S GO EXPLORING!"

LES MOTS SONT SIMPLES et exaltants, mais aussi déchirants. *Calvin et Hobbes*, de Bill Watterson, était plus qu'un simple *comic strip*, c'était une fenêtre ouverte sur l'esprit parfois insouciant, parfois cynique, mais toujours absurde d'un garçon qui, pour être parfaitement honnête, était un petit peu de nous, un petit peu de vous. En dépit de sa sensibilité délicieusement ironique, Watterson a mis un terme à *Calvin et Hobbes* sur une note de beauté, d'espoir et de possibilités infinies. C'est parce qu'il comprend que l'enfance ne doit jamais s'achever. Pas vraiment, pas d'une manière définitive. Oui, on grandit, on fonde une famille, on a des factures à payer. Mais ceux d'entre nous qui ont le bonheur d'avoir le cœur d'un geek ne perdent jamais complètement l'excitation de la création et de la découverte, n'est-ce pas ? Watterson voit ce que même nous, les geeks, oublions trop souvent : le monde est magique. Allons voir ce qui nous attend !

Calvin et Hobbes ont été baptisés d'après les patronymes de deux geeks à l'ancienne : le théologien Jean Calvin et le philosophe Thomas Hobbes.

« LES GENS PENSENT QUE LE TEMPS SUIT UNE STRICTE PROGRESSION DE LA CAUSE À L'EFFET MAIS, EN FAIT, D'UN POINT DE VUE NON LINÉAIRE ET NON SUBJECTIF, CE SERAIT PLUTÔT UNE GROSSE BALLE DE... TEMPO-MACHIN TRUC. »

– LE DOCTEUR, *DOCTOR WHO*

"PEOPLE ASSUME THAT TIME IS A STRICT PROGRESSION OF CAUSE TO EFFECT - BUT, ACTUALLY, FROM A NONLINEAR, NONSUBJECTIVE VIEWPOINT, IT'S MORE LIKE A BIG BALL OF WIBBLY-WOBBLY, TIMEY-WIMEY... STUFF."

EN TANT QUE DERNIER des Seigneurs du temps, une espèce extraterrestre très ancienne qui veille au bon écoulement du temps dans le cosmos, le Docteur a une relation unique avec le flux infini d'instants, de jours, d'années qui se succèdent. Il voit les excentricités de l'existence chronologique : par exemple, il est parfois impossible de dire comment une graine plantée aujourd'hui fleurira et affectera la vie dans quatre ans, ou quatre cents. Parfois, on ne peut même pas être sûr que les règles de cause à effet suivront un cheminement du passé vers l'avenir. Fondamentalement, il sait que nos perceptions de la réalité sont fragiles et sujettes à caution. Le Docteur est un dispositif fantastique bien utile pour explorer ces notions mais, dès lors qu'on s'y ouvre un tant soit peu, il est bien difficile de ne pas les voir à l'œuvre dans le monde réel. Y avait-il un énorme complot pour abattre le président Kennedy, ou bien avons-nous tant spéculé sur ce point que nous en avons semé l'idée dans l'inconscient collectif et rendu l'hypothèse plus probable dans l'avenir, tout en l'insérant rétroactivement dans les livres d'histoire ? Chose intéressante, la série *Doctor Who* a été diffusée pour la première fois le lendemain de l'assassinat de Kennedy. Nous sommes bien convaincus que les deux faits ne sont pas liés.

En fait, on trouve encore à l'occasion une copie de l'ouvrage *Doctor Who : Qui a tué Kennedy ?*

« MON DIEU… C'EST PLEIN D'ÉTOILES ! »

– DAVID BOWMAN, *2001 : L'ODYSSÉE DE L'ESPACE* (ROMAN)

"MY GOD - IT'S FULL OF STARS!"

UN JOUR, PEUT-ÊTRE, la race humaine progressera au-delà des vicissitudes de ce bas monde, transcendant ses racines terrestres pour s'élancer tête la première vers l'étape suivante et ses mystères. En fait, c'est déjà arrivé une fois, voici dix années. C'est là, écrit en toutes lettres dans le livre d'histoire d'Arthur Clarke, intitulé *2001* (et dont le réalisateur Stanley Kubrick a tiré un documentaire des plus instructif, dont vous avez peut-être entendu parler). Si toutefois vous êtes passé à côté, sachez que l'astronaute David Bowman a découvert qu'un gigantesque monolithe d'obsidienne dans l'orbite de Saturne était en fait un passage vers l'étape suivante de notre évolution. À cet instant, debout au bord du précipice de la compréhension humaine et contemplant l'infini, Bowman a envoyé un ultime message confus vers la Terre pour tenter d'exprimer ce qu'il voyait du point de vue spirituel et scientifique. Mais ces deux modes de pensée se sont révélés trop limités pour embrasser la totalité de ce qu'il vivait. Que diriez-vous dans la même situation ? Que dirait n'importe lequel d'entre nous ? Un jour peut-être, si on a de la chance, nous le découvrirons.

À l'instar de la question « Saturne ou Jupiter ? » (p. 70), cette citation, qui joue pourtant un rôle essentiel dans la suite de *2001 : L'Odyssée de l'espace*, correspond à une différence entre le roman et l'adaptation cinématographique de ce classique de la science-fiction. Elle n'apparaît que dans le premier.

12

INDEX

1984, 137
2001 : L'Odyssée de l'espace, 68, 200, 208, 220
2010 : Odyssée deux, 68, 176
28 Jours plus tard, 161
300, 110-111

Abattoir 5, 105, 162
Abrams, J.J., 49
Adama, Bill, 163
Adams, Douglas, 131, 165
Adhémar, comte, 136
Agence spatiale européenne, 177
L'Agence tous risques, 152
Alexandre le Grand, 159, 160
Alexie, Sherman, 90
Ali, Mohammed, 72
Alien, 146
Alien, la résurrection, 113
Allen, Tim, 20
The Amazing Alexander, 97
Amazing Fantasy, 20
« Les Anges marseillais chez les Ch'tis du loft de Las Vegas » 97
Antaki, James, 64
L'Appel de Cthulhu, 42
Aragorn, 26
L'Armée des ténèbres, 157, 197
Armes nucléaires. Voir Bombes atomiques
Ash *(Evil Dead 3 : L'Armée des ténèbres)*, 157
Asimov, Isaac, 12-13, 35, 166
astrologie *vs* astronomie, 47
Atréides, Paul, 88
Au-delà du principe de plaisir, 109
Les Aventures d'Alice aux pays des merveilles, 101
Les Aventures de Brisco County Jr., 157
Les Aventures de Buckaroo Banzaï à travers la 8e dimension, 41, 211
Les Aventuriers de l'arche perdue, 60
Aykroyd, Dan, 115

Babbage, Charles, 110
Banner, David Bruce. Voir *L'Incroyable Hulk*
Banzaï, Buckaroo, 41
The Baroque Cycle, 72
Batman, 72, 81, 102, 116, 151, 160
Batman et Robin, 102
Batman : Le Défi, 92
The Dark Knight : Le Chevalier noir, 116
DC Comics, 62, 203
Detective Comics n° 27, 80-81
Battlestar Galactica, 104, 134, 155, 163, 206-207
Batty, Roy, 23
BBC, 49, 145
Beagle, Peter S., 29
Beckett, Sam, 143
Beetlejuice, 113
Belle Marianne, 203
Bender, John, 170
Benson, Helen, 196
Berry, Halle, 92
Bettany, Paul, 136
Bhagavad-Gita, 181
Le Bibendum Chamallow, 115
La Bible, 11-12, 14
The Big Bang Theory, 32-33
The Big Lebowski, 31
Bixby, Jerome, 91
Black Beauty, 29
Blade Runner, 23, 163
Blanche, Mme, 59
Blues, Elwood, 201
Blues, Jake, 201
The Blues Brothers, 122, 201
Bombes atomiques, 20, 181
Bonaparte, Napoléon, 159
Bond, James, 75
Les Borgs, 206-207
Bourriquet, 117
Bowie, David, 57, 195, 213
Bowman, David, 220
Bradbury, Ray, 91, 105
The Breakfast Club, 40, 170

INDEX

Le Breakfast du champion, 162
Bridges, Jeff, 31
Brooks, Mel, 21
The Brother from Another Planet, 108
Brown, Doc, 210
Bubba Ho-tep, 157
Bucket, Charlie, 36, 129
Buffay, Phoebe, 121
Buffy contre les vampires, 103, 123
Burton, Tim, 22, 92
Butch Cassidy et le Kid, 46
Bouton-d'or, 77
Byron, Lord, 111

Café, 88, 107
Calvin, Jean, 217
Calvin et Hobbes, 217
Campbell, Bruce, 157, 197
Carpenter, John, 130
Carroll, Lewis, 101
Carver, George Washington, 63
Casanova, Giacomo, 72
Castle, 135
Castro, Fidel, 158
Catch-22, 105
Catholicisme, 26, 178, 201
Catwoman, 92
Centurions, 163
Charlie et la chocolaterie, 36, 43, 128-129
Chaucer, Geoffrey, 136
Chevalier, 47, 136
Le chevalier du Graal, 198
Chevalier noir, 145
Christianisme, 141
La Chute, 151
Claire *(The Breakfast Club)*, 40
Claremont, Chris, 170
Clarke, Arthur C., 68, 131, 176-177, 208, 220
Clarke, Frederick S., 197
Claw (le Grappin), 180
Clerks : Les Employés modèles, 27, 61
Cloud, 112
Cluedo, 59, 122
Cobain, Kurt, 23, 158
Code Quantum, 99
Colbert, Stephen, 151
« Comment servir l'homme » 191
Communistes, 91, 169
Conan, 159
Conan le barbare, 159
Confucius, 169
Les Contes de Cantorbéry, 136
Cooper, Sheldon, 32-33
Copernic, Nicolas, 36
Le Coran, 11
Corps de la paix *(Peace Corps)*, 155
Cortex, 66
Cullen, Peter, 117
Les Cybermen, 206-207
Cylons, 104, 163, 206-207
Dahl, Roald, 36, 129
Dane, Alexander, 24-25
The Dark Knight : Le Chevalier noir, 116
Darrow, Ann, 77
De l'autre côté du miroir, 101
Déclaration d'indépendance, 163
Délire, 121
Demme, Jonathan, 58
Denham, Carl, 76
Depp, Johnny, 31, 43
La Dernière Licorne, 29
des Bois, Robin, 203
Detective Comics n° 27, 80
Dickinson, Peter, 194
Dickson, Gordon R., 194
Dirty Harry, 170
Discovery (vaisseau spatial), 68
Le Docteur, 48-49, 161, 219
Docteur Klaw, 180
Doctorow, Cory, 83
Doctor Who, 48-49, 50, 145, 161, 199, 206-207, 218-219
Donkey Kong, 93
Donkey Kong Junior, 93
Donnie Darko, 65
Donovan, Walter, 198
Dugan, Jimmy, 103
Doyle, Arthur Conan, 58
Dracula, 94, 113
Le Dragon et le Georges, 194

INDEX

Droits civiques, 66, 99
Dursley, M. et Mme, 86
Du Bois, W.E.B., 66
Le Duc, 31
Dune, 34, 88, 131
Durden, Tyler, 158

Eat It, 211
Eccleston, Christopher, 161
Eddings, David, 45
Edison, Thomas, 167, 213
Edward aux mains d'argent, 22, 113
Einstein, Albert, 14, 20, 119, 187
The Electric Company, 60
Elrond, 57
Emperor of All Men, 159
Enterprise, 73, 155
Épidémie de peste noire, 209
Éternels, 121
Une équipe hors du commun, 103
Escher, M.C., 50, 57
Esclavage, 63
L'Essayeur, 178
Étude de Tuskeegee sur la syphilis, 186
Evil Dead/Evil Dead 2, 157

Facebook, 83, 158
Fahrenheit 451, 105
Fatal Games, 113
Ferguson, Craig, 49
La Fiancée de Frankenstein, 179
Fight Club, 158
Fillion, Nathan, 135
Le Fils du Mask, 100
Final Fantasy VII et *XIV*, 112
Fincher, David, 158
Firefly, 135
Fishburne, Laurence, 141
Fleming, Ian, 129
Flynn, Kevin, 31
Foree, Ken, 192
Fondation, 166
Frankenstein, Frederick, 21
Frankenstein, Henry, 179
Frankenstein Junior, 21
Frankenstein, Victor, 21, 211
Freeman, Morgan, 60
Freud, Sigmund, 109
Full Metal Jacket, 154-155
Futurama, 66

Gaiman, Neil, 131, 141, 195
Galaxy Quest, 24-25
Gale, Bob, 210
Galilée, 36, 177, 178
Gandalf, 184-185
Garion, 44, 45
Geoffrey Chaucer Hath a Blog, 136
Geronimo, 191
Gesserit, Bene, 34
Gengis Khan, 159
Gibson, William, 209
Gide, André, 190
G.I. Joe, 148
Gildor, 74
GLaDOS, 87
Glover, Crispin, 126
God Bless You, Mr Rosewater, 162
Godwin, Mike, 150
Goebbels, Joseph, 137
Goldberg, Rube, 152
Goldfinger, 75
Goldfinger, Auric, 75
Goldman, William, 46
Google, 37
Les Goonies, 60
Gort, 197
Les gothiques, 94
Graal, 198
Le grand collisionneur d'hadrons, 186
La Grande Dépression, 209
Grassi, Orazio, 178
Graves, Randal, 61
Greedo, 170
Grey Album, 211
Guerre en Irak, 142

H2G2 : Le Guide du voyageur galactique, 51, 131, 164-165
HAL 9000, 68
Hamilton, Steven, 108
Hamlet, 199
Hannibal (le général), 152
Hanson Brothers, 211

INDEX

Hantise obsessionnelle des microbes, 21
Harkonnen, Baron, 88
Harry Potter à l'école des sorciers, 86
Hartman, sergent instructeur, 154
Hartman, Phil, 82
hasthelargehadroncollider-destroyedtheworldyet.com, 186
Heinlein, Robert, 106-107
Heller, Joseph, 105
Hemingway, Ernest, 23
Hendrix, Jimi, 23
Herbert, Frank, 34, 88, 131
Hercule, 203
Heston, Charlton, 82
Hicks, Dante, 27
Highlander, 171
Hilton, Paris, 20
Hitler, Adolph, 150, 151
Hobbes, Thomas, 217
Hobbits, 74
Hodgman, John, 73
Holmes, Sherlock, 58
Holocauste, 162, 181
L'homme qui fait le tour de cartes, 108
Horatio, 199
Hot Rod, 40
Howard, Robert E., 159
Huxley, Aldous, 89

icanhasacheezburger.com, 98
I Love Lucy, 103
L'Incroyable Hulk, 95, 164-165, 187
Les Indestructibles, 25
Indiana Jones et la dernière croisade, 190, 198
Inquisition espagnole, 144-145, 178
L'Inspecteur Gadget, 180
Internement des Japonais, 91
Internet, 25, 32, 49, 65, 69, 83, 90, 98, 100, 102, 148, 151, 161
Invasion Los Angeles, 130
Iron Man, 31
I Think I'm a Clone Now, 211

Jackman, Hugh, 170
Jareth, roi des gobelins, 56-57
Jarrah, Sayid, 67
Jayna, 62
Jefferson, Thomas, 118-119, 163
Jemison, Mae, 184
Jenkins, Leeroy, 132-133
Jésus, 20, 141, 190, 193, 198
Le Joker, 116
Jones, Indiana, 31, 190, 198
Jones, James Earl, 127
Jordan, Michael, 167
Le Jour où la Terre s'arrêta, 196
Jumpman, 93

Kafka, Franz, 104
Karaté Kid : Le Moment de vérité, 28
Keith (Voltron), 64
Kenobi, Obi-Wan, 50, 139, 193
Kent, Clark. Voir Superman
Kermit la grenouille, Baby, 180
The Kids in the Hall, 50
King, Martin Luther, Jr, 117
King Kong, 76-77
Kirk, James T., 73, 160, 176-177
Kitt, Eartha, 92
Kitty *(Donnie Darko)*, 65
Klaatu, 197
Knight, Damon, 191
Kroker, Kif, 66
Kryptonite, 62
Kubrick, Stanley, 220
Kuhn, Thomas, 210
Kyle, Selina. Voir Catwoman

Labyrinthe, 56-57
LaMarche, Maurice, 66
Lane, Lois, 54
Landis, John, 122
Larbalestier, Justine, 90
Les lois de la robotique, 12-13
Lecter, Hannibal, 38-39
Ledger, Heath, 116
Lee, Stan, 14, 181
La Légende de Zelda, 147, 214
LEGO, 28
Le Guin, Ursula, 156
L'Engle, Madeleine, 99

INDEX

Lennon, John, 23
Lethem, Jonathan, 130
Lichtenstein, Ulrich von. Voir Thatcher, William.
Ligue des Justiciers, 62
Lincoln, Abraham, 23
Loi de Clarke, 208
Loi de Godwin, 150
Los Angeles 2013, 157
Lost, « Un des Autres », 67
Le Loup-Garou, 30
Lovecraft, H.P., 42
Lovelace, Ada, 110-111
Lovitz, John, 97
Lucas, George, 45, 127, 193
Lucifer, 195
Luthor, Lex, 54
Lynn, Jonathan, 59, 122

Macarena, 96
Machiavel, Nicolas, 213
MacLeod, Ken, 216
Magasins d'habillement, 88
La Main gauche de la nuit, 156
Mantle, Mickey, 72
March, Jo, 113
Marco, Bennett, 168-169
Mario, 93, 214
Marvel Comics, 55, 123, 187, 197, 203
Marvin, 164-165
Marx, Karl, 119
Maître de contrôle principal, 206-207
Matheson, Richard, 91
Matrix, 140-141, 168-169, 188, 189, 191
McCoy, Leonard, 73
McFly, George, 126
McFly, Marty, 210
McGee, Jack, 95, 164
McGoohan, Patrick, 104
McNamara, Heather, 113
Mégatron, 180
Le Meilleur des mondes, 89
Menteuse, 90
Méprise multiple, 61
Miller, Frank, 111
Minus et Cortex, 66
Missions Apollo, 200
Misty of Chincoteague, 29
Miyagi, M., 28
Miyamoto, Shigeru, 214
Montoya, Inigo, 46
Monty Python, 85, 145
Flying Circus, 144-145
Sacré Graal, 144, 198
Moore, Alan, 69, 83, 202-203
Moore, Ronald D., 134
Mori, Masahiro, 216
Morita, Pat, 28
Morpheus, 140-141, 168-169, 195
Morrison, Jim, 23
Mortensen, Viggo, 26
Morton, Joe, 108
Moïse, 12, 190
Motti, amiral, 127
Mouse, Danger, 211
Mulder, Fox, 95
Murry, Meg, 99
Mythe de Cthulhu, 151

NASA, 177, 200
Nazis, 137, 150-151, 166, 185
Nelson, Judd, 40
Néo, 140-141, 169, 188, 189
Neuromancien, 209
Neverland, 49
Newmar, Julie, 92
Newt, 146
Nike, 167
Nolan, Christopher, 116
Numéro Six, 104
Nylund, Rose, 121

O'Brien, Conan, 133
Obama, Barack, 73
Odyssey of the Mind, 152
Olmos, Edward James, 163
Olsen, Jimmy, 54, 62
Oppenheimer, J. Robert, 181
Optimus Prime, 117
Orgueil et Préjugés et Zombies, 211
Orwell, George, 137
Ostrow, « Doc », 109
Ouragan Katrina, 192

Palahniuk, Chuck, 158
Pan, Peter, 48
Parker, Peter. Voir Spider-Man
Pas de panique !, 131
Pat *(La Quatrième Dimension)*, 191
PBS (Public Broadcasting Service), 49, 60
Pertwee, Jon, 145
Peter *(Zombie)*, 192
Peter Pan, 48-49

INDEX

La Peur rouge, 91
Pfeiffer, Michelle, 92
Picard, Jean-Luc, 134
Le Pion blanc des présages, 44-45
Le Pingouin, 92
Piper, Roddy, 130
Le Puits et le Pendule, 75
La Planète des singes, 172
Planète interdite, 109
Plutarque, Lucius Mestrius, 111
Poe, Edgar Allan, 75
Poincaré, Henri, 120
Poison Ivy, 102
Portal, 87
Poupées extraterrestres à l'intérieur du distributeur, 180
Les Power Rangers, 64
Le premier qui pleure a perdu, 90
Le Prestige, 57, 213
Pretorius, Septimus, 179
Priest, Christopher, 213
Princess Bride, 114, 45-46, 76-77
Princesse Leia, 138
Principe d'exclusion de Pauli, 194
Le Prisonnier, 104
Prohibition, 89
Promethea, 69
Proper Studies, 89

Les Quatre Fantastiques, 25
Les Quatre Filles du docteur March, 113
La Quatrième Dimension, 91, 118-119, 191, 215, 216
« La Poupée vivante » 216
« Les Monstres de Maple Street » 91
« Comment servir l'homme » 191

Rasoir d'Occam, 146
Rauch, Earl Mac, 41
The Real Ghostbusters, 66
Reeves, Keanu, 25
Reine Gorgo, 110-111
Le Retour de Sherlock Holmes, 58
Retour vers le futur, 126, 210
Retour vers le futur 2, 210
Révolution française, 159
Richard Cœur de Lion, 203
Ripley, 146
Robot Chicken, 28
Les Robots, 12
Roddenberry, Gene, 155, 177
Roi Arthur, 157
Roi David, 20
Le roi des gobelins, 56-57
Romero, George, 192
Roosevelt, Franklin, 20
Rowling, J.K., 86
Ryder, Winona, 113

Sacquet, Frodon, 74
Sagan, Carl, 119, 182-183
Salt, Veruca, 36
Sandman, 121, 141, 195
Sarah *(Labyrinthe)*, 56-57
Saturday Night Live, 82, 97
Saw, 162
Sayles, John, 108
Schmendrick le magicien, 29
Schindler, Oskar, 162
Schulz, Ben, 133
La Science et l'hypothèse, 120
Scithers, George, 191
Le Scorpion, 170
Scooby-Doo, 180
Ségrégation, 90
Le Seigneur des Anneaux, 57, 74, 184
Le Seigneur des Anneaux : La Communauté de l'anneau, 26
Seldon, Hari, 166
Sephiroth, 112
Serling, Rod, 91, 118-119, 215
Shakespeare, William, 14, 109, 199
Shatner, William, 160
Shaw, Raymond, 168-169
Shelley, Mary, 179
Shelley, Percy, 181
Sherman, Allan, 143
Le Silence des agneaux, 38-39
Les Simpson, 32, 33, 121
Siodmak, Curt, 30

INDEX

Les Sirènes de Titan, 162
Sitting Bull, 191
Skynet, 207
Skywalker, Anakin, 39, 127, 139
Skywalker, Luke, 31, 44-45, 50, 139, 167, 193
Sinok, 60
Smallville, 108
Smith, John «Hannibal», 152
Smith, Kevin, 61
Snow Crash, 72
Snyder, Zack, 192
Socrate, 199
Soleil vert, 82
Solo, Han, 45, 138-139, 149, 152, 170
somethingawful.com, 98
Song, River, 190
SOS Fantômes, 114-115, 153
Sparkle Motion, 65
Spengler, Egon, 66, 115, 153
Spider-Man, 20, 55, 60
Spielberg, Steven, 190
Spock, 33, 73, 165, 196
Stand by Me, 60
Stane, Obadiah, 31
Stantz, Ray, 115
Starling, Clarice, 39
Starman, 31
Star Trek, 11, 25, 49, 73, 103, 154-155, 176, 177, 196, 203, 207
«Nous, le peuple», 176
La Colère de Khan, 73
Star Trek : La Nouvelle Génération, 134, 206-207
«Hiérarchie», 134
Star Wars, 14, 44-45, 61, 127, 138, 139, 148, 193, 197
L'Empire contre-attaque, 38, 138, 149, 167
La Menace fantôme, 63, 193
Le Retour du Jedi, 138, 149
Stephenson, Neal, 72
Stewart, Jon, 129, 151
Les Super Amis, 62
Super Jumeaux, 62
Super Mario Bros., 93
Les Super Nanas, 70-71
Super Zéro, 189
Superman
DC Comics, 54, 80, 202-203
Superman, 54, 80
« Whatever Happened to the Man of Tomorrow? », 202-203

T-800, 196
Talbot, Larry, 30
Tante May *(Spider-Man)*, 55
Tam, River, 135
Taoïsme, 26
Tardis, 11, 50, 85
Tarkin, Grand Moff, 127
Taylor, George, 172
Tee-shirts, 14, 84-85
Terminator, 207
Terminator 2, 108, 196
Tesla, Nikola, 212-213
Thatcher, William, 47, 136
Théorème d'incomplétude de Gödel, 156
ThinkGeek.com, 84-85
Thinking 'Bout Somethin', 211
Thorn, détective, 82
Tigh, colonel, 155
Time (magazine), 91
Time Enough for Love, 106-107
Tolkien, J.R.R., 11, 26, 45, 74
Toy Story, 180
Transformers, 117
Les Transformers : Le Film, 40
Tremblement de terre en Haïti, 192
Tron, 31, 206-207
Twilight, 65, 151
Tyrell, Eldon, 23
Tyson, Neil deGrasse, 182

Un crime dans la tête, 168-169
Un raccourci dans le temps, 24, 99
Une terre à la dérive, 93
Les Upaniṣad, 11
Urkel, Steve, 33

INDEX

V, 83
V pour Vendetta, 83
Vador, Dark, 38, 50, 127, 149, 193
Valve Corporation, 87
Variety, 119
Le vendeur de BD, 32, 33
Venkman *(SOS Fantômes)*, 115
Vernon, principal, 170
Veronica *(Fatal Games)*, 113
Vinge, Vernor, 207
Vishnou, 181
Vizzini, 46
Le Vol des dragons, 194
Voltron : Le Défenseur de l'univers, 64
Vonnegut, Kurt, 105, 162

Wadsworth *(Cluedo)*, 122
Washington, George, 20
Watson, docteur, 58
Watson, Mary Jane, 55
Watterson, Bill, 217
Wayne, Bruce.
Voir Batman
Welker, Frank, 180
West, Adam, 160
Westley, 45, 76, 77
Wheaton, Wil, 37
Wiggum, Ralph, 121
Wikipédia, 100
Wilder, Gene, 43
Wilwheaton.net, 37
Wilwheaton.typepad.com, 37
Winnie l'ourson, 117
Wolverine, 170
Wonka, Willy, 36, 43, 128-129
World of Warcraft, 132-133
Wright, Steven, 69, 100, 154-155
Wurf, Karl, 191

Xena, princesse guerrière, 157
X-Files : Aux frontières du réel, 95
X-Men, 153, 170

Y, le dernier homme, 199
Yankovic, Weird Al, 143, 211
Yoda, 63, 167
Young, Neil, 23
YouTube, 29, 98, 151

Z-6PO, 139
Zan, 62
Zeddemore, Winston, 114
Zemeckis, Bob, 210
Zen, 41, 121, 173, 189
Zero Wing, 142
Zod, général, 80
Zombie, 192
Zone habitable, 153
Zuckerberg, Mark, 158

12

LES AUTEURS

STEPHEN H. SEGAL (éditeur et coauteur), lauréat du prix Hugo, éditeur en chef et contributeur à *Weird Tales*, le plus ancien magazine de *Fantasy*, science-fiction et horreur du monde, et éditeur chez Quirk Books. Sa contribution à l'univers geek comprend un large éventail de travaux pour Tor Books, Viz Media, WQED Pittsburgh et Carnegie Mellon. Natif d'Atlantic City, il vit à Philadelphie.

LES AUTEURS

ZAKI HASAN (coauteur), professeur en sciences de la communication et des médias. Ses commentaires sur la politique et la culture populaire sont publiés sur le *Huffington Post*. Ses méditations régulières sur les films et les émissions télévisées à destination des geeks peuvent être consultées sur son blog (distingué par des prix), www.zakiscorner.com. Natif de Chicago, il vit en Californie du Nord.

N.K. JEMISIN (co-auteure), auteure de *Fantasy* et de science-fiction nommée aux prix Hugo et Nebula, son roman de 2010 *Les Cent Mille Royaumes* (Orbit) a été salué par *Publishers Weekly*, *Library Journal*, *Romantic Times*, et d'autres. Par ailleurs psychologue et blogueuse politique, elle vit à Brooklyn.

ERIC SAN JUAN (coauteur), coauteur de *A Year of Hitchcock*, auteur des textes de la série d'anthologies de *comics* indé *Pitched*, et de *Stuff Every Husband Should Know*, récemment publié chez Quirk. Il édite par ailleurs une chaîne de sept hebdomadaires autour de sa ville de Jersey Shore, et travaille actuellement à l'écriture d'un roman de science-fiction dystopique.

GENEVIEVE VALENTINE (coauteure), chroniqueuse spécialiste de la culture populaire, a notamment contribué à Tor.com, *Lightspeed*, et *Fantasy Magazine*. Son premier roman *steampunk*, *Mechanique* (Prime Books), est paru au printemps 2011, et l'une de ses nouvelles a été publiée dans *The Year's Best Science Fiction & Fantasy*. Son insatiable appétit pour les nanars est une véritable tragédie, dont elle rend compte sur son blog, www.genevievevalentine.com.

Un grand merci à Ryan Brophy pour son travail de recherche.

12

12

Achevé d'imprimer en août 2014 par L.E.G.O
Dépôt légal : octobre 2014
Imprimé en Italie
35294803-1